Jean McMann

Rätsel der Steinzeit

Zauberzeichen und Symbole
in den
Felsritzungen Alteuropas

Deutsch von Joachim Rehork

Weltbild Verlag

Schmutztitel: Detailansicht eines Orthostaten.
Sog. Table des Marchands, Locmariaquer, Frankreich
(vgl. Abb. 74-75).

Innentitel: Geröllblock mit Gravierungen.
Fuente de la Zarza auf der
Insel La Palma (Kanarische Inseln).

Inhaltsverzeichnis: Dreifache Spirale in der Kammer von
Newgrange (Grafschaft Meath, Irland).

Genehmigte Lizenzausgabe für
Weltbild Verlag, Augsburg 1990

Die Originalausgabe erschien unter dem Titel »Riddles
of the Stone Age. Rock Carvings of Ancient Europe«
Satz: Satzstudio Keßler, Köln-Porz

Printed in Germany
ISBN 3-89350-121-5

Inhalt

Für meine Kinder Elizabeth und Mark

1 Spiralen und Steinbecken in der Westnische von Newgrange.

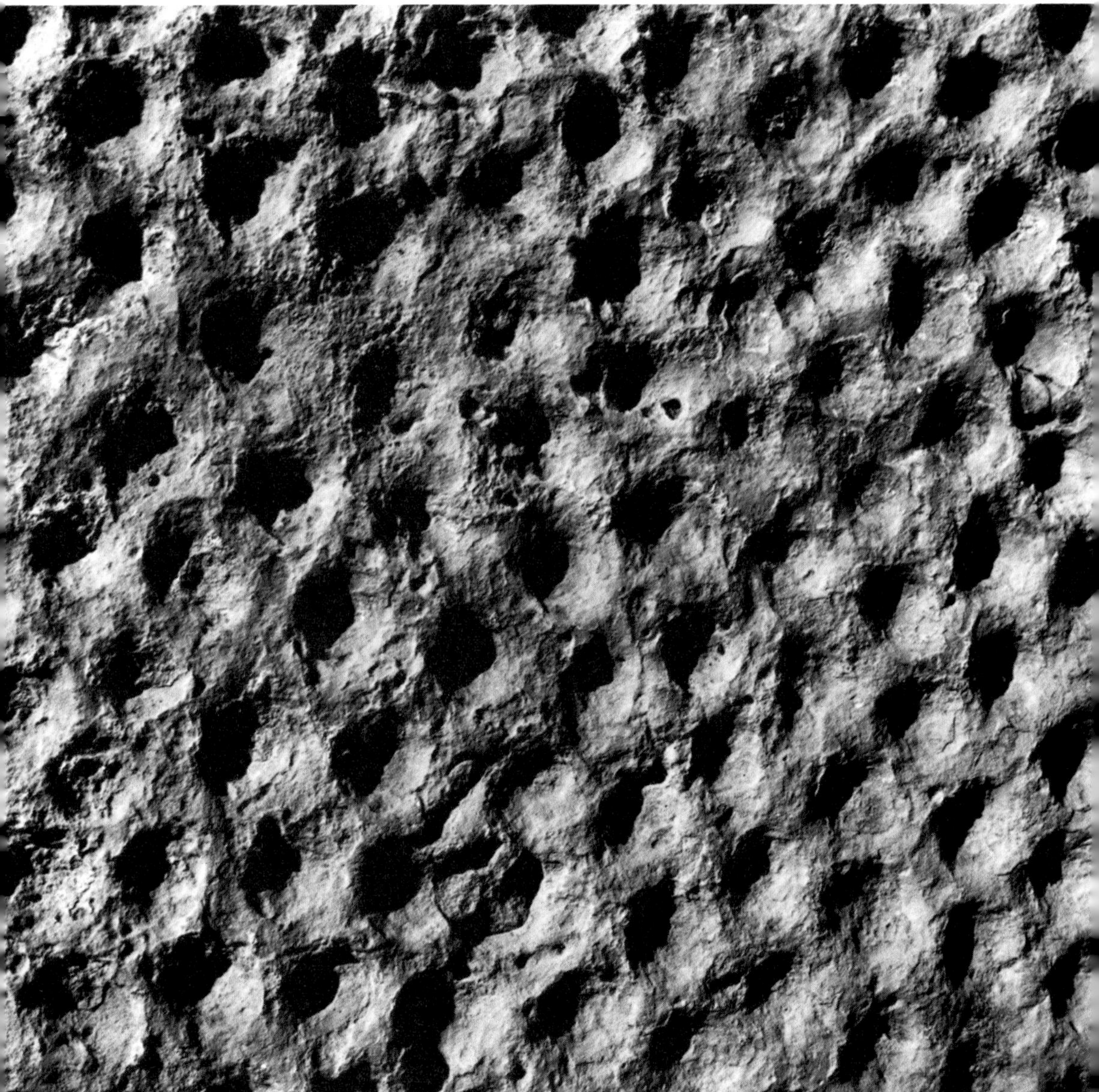

2 Bohrloch- oder ›Waben‹-Ornament, Mnajdra, Malta.

Vorwort

Für mich ist dieses Buch eher ein Aufbruch als ein Gipfel, und dies gilt, so hoffe ich, auch für meine Leser, die es mit den abstrakten Botschaften bekannt machen will, die Menschen in den atlantischen Bereichen Europas, in Norditalien und auf Malta während des Neolithikums (der Jungsteinzeit) in Steine gruben.
Das Auswählen dieser Symbole, das Fotografieren, die anschließende Arbeit in Labor und Dunkelkammer und schließlich die Freude (oder auch bittere Enttäuschung) über die gelungenen oder mißglückten Bilder – all dies ließ mich ein ausgesprochenes Gespür für diese Zeichen entwikkeln. Die Linien einiger Motive habe ich nachgezogen (bei manchen ist das sehr schwierig), um ein Gefühl für den Bewegungsablauf beim Zeichnen zu bekommen. Ich habe die Motive an meine Zimmerwand geheftet, um sie täglich vor Augen zu haben, und ich habe mich um eine unmittelbare Beziehung zu ihnen bemüht, die weit über lexikalisches Wissen und Resultate wissenschaftlichen Forschens hinausgeht. Fotos erwiesen sich dabei als unschätzbares Hilfsmittel, und aus Fotos besteht im wesentlichen auch dieses Buch.
Freilich – zwar kenne ich die fraglichen Symbole etwa so gut, wie man einen guten Freund kennt, und doch fällt es mir schwer, sie einzuordnen und zu deuten. Archäologen und Vorgeschichtlern verdanken wir wertvolle Aufschlüsse. Mich persönlich haben Einfühlung und Erfahrung ihnen noch näher gebracht, aber gleichwohl sehe ich mich noch immer nach neuen Zugangswegen um – beispielsweise nach solchen, die uns die Wissenschaft von der menschlichen Seele weist. Jedenfalls ist dieses Buch der erste Schritt einer Entdeckungsreise – einer Entdeckungsreise, so hoffe ich, für den Leser ebenso wie für mich selbst.

3 Karte: Westeuropa mit den wichtigsten im Text erwähnten Fundstätten.

1 Die großen Steine

Steinzeitmenschen hinterließen ihre Spuren auf der ganzen Welt. Anfangs bildeten sie tief im Inneren von Höhlen Jagderlebnisse ab. Insbesondere in Frankreich und Spanien, aber auch anderswo findet man Darstellungen von Tieren und Jagdritualen, deren Farben noch immer in ungebrochener Kraft leuchten, obwohl diese Höhlenmalereien rund 15000 Jahre v. Chr. entstanden sind.

Man schreibt den Höhlenmalern die Vorstellung zu, ihre Abstammung auf die von ihnen abgebildeten Tiere zurückzuführen. Wenn sie dergleichen tatsächlich glaubten, könnte dies die Ehrfurcht und Liebe erklären, mit der sie zu Werke gingen. Später bekommen wir es dann mit Kunstwerken anderer Art zu tun. Im Neolithikum (der Jungsteinzeit; in Europa zwischen etwa 5000 und 2000 v. Chr.) gab es die realistischen Darstellungen von Jägern und Wild nicht mehr. Auf Steinen und an Felswänden erscheinen nunmehr Spiralen und andere rein geometrische Zeichen, bisweilen hervorragend und mit großer Sorgfalt ausgeführt, dann wieder nur hastig hingekritzelt. Häufig findet man Symbole dieser Art an einzelnen Steinen, die – gewöhnlich im Küstengebiet – mehr oder weniger isoliert im Gelände stehen oder liegen; doch auch Steintempel und Grabbauten sind mit derartigen Zeichen geschmückt.

›Großsteingräber‹ oder *Megalithgräber* (bzw. ganz allgemein *Megalithbauten*), wie man die betreffenden (Grab-)Monumente mit einem aus teilweise griechischen Elementen (*megas* = ›groß‹, *lithos* = ›Stein‹) gebildeten Kunstwort nennt, geben noch immer mancherlei Rätsel auf. Man findet sie weit verstreut – nicht nur in Europa, sondern auch in Indien, Vorder- und Ostasien, sogar in Amerika, und doch läßt sich keinerlei Verbindung zwischen ihren Verbreitungsgebieten nachweisen*. Diejenigen, mit denen wir es auf den folgenden Seiten zu tun haben, sind hauptsächlich in den atlantischen Bereichen Europas anzutreffen. Ein besonders augenfälliges Beispiel ist Stonehenge, ein Baudenkmal, das mehr als 2500 Jahre v. Chr. entstand. Aber schon Jahrhunderte vorher gab es Megalithbauten auf den britischen Inseln, in Dänemark, Deutschland, Frankreich, Spanien, Portugal sowie auf Malta. Dabei umfassen die erhaltenen megalithischen Monumente ein breites Formenspektrum. *Menhire* (keltisch: ›aufgerichtete Steine‹) und *Dolmen* (keltisch wörtlich: ›Steintische‹, Gebilde aus drei oder vier vertikalen Tragsteinen, auf denen ein mächtiger horizontaler Deckstein ruht) sind die einfachsten Megalith-Typen. In anderen Fällen bilden riesige, nur ganz roh zu Platten geformte Steinblöcke Mauern und Decken regelrechter Grabkammern. Oft häufte man Steingeröll und Erdreich darüber, so daß eine von Menschenhand geschaffene Höhle entstand – eine Grabhöhle für die Toten, wo bisweilen mehrere Generationen ihre Verstorbenen beisetzten. Den Gängen, durch die man in derartige Grabkammern gelangte, verdanken Anlagen dieses Typs den Namen ›Ganggrab‹. In anderen Fällen ordnete man Steinsetzungen in Kreisen an (so bei den sogenannten *Henge*-Monumenten wie Stonehenge und Avebury; Abb. 11) oder in Reihen (sogenannten *Alignements*) wie etwa in Carnac (Abb. 9) in der Bretagne. Beide Arten von Steinsetzungen hat man mit der Astronomie in Verbindung gebracht. Das gilt besonders für Alignements, die auf bestimmte Punkte hin orientiert sind, wo irgendwann im Jahr einmal Sonne oder Mond aufgehen. Einen weiteren Ty-

* Tatsächlich gehören Megalithbauten auch ganz verschiedenen *Zeiten* an. In Europa begannen sie in der Jungsteinzeit und waren vor allem während der Bronzezeit verbreitet, im palästinensisch-syrischen Raum gleichfalls während der Kupferzeit bzw. Kupfersteinzeit (Chalkolithikum) und der Frühbronzezeit, in Ost- und Südostasien dagegen erst während der Eisenzeit *(Anmerkung des Übersetzers)*.

pus megalithischer Bauten verkörpern die steinernen Tempel auf Malta, die eine Besonderheit der maltesischen Inselkultur bilden (Abb. 5, 10). Lange waren die Archäologen davon überzeugt, die Schöpfer der westeuropäischen Megalithbauten hätten bei den ältesten Hochkulturen des östlichen Mittelmeerraumes Anleihen gemacht. Als älteste Steinbauten der Menschheitsgeschichte galten die Pyramiden Ägyptens, als älteste Tempel die Heiligtümer Mesopotamiens. So lag es nur nahe, Megalithbauweise – gleich, ob auf Malta oder in der Bretagne – letztlich vom Alten Orient herzuleiten. Als in den vierziger Jahren unseres Jahrhunderts die Entdeckung glückte, daß sich gewisse Materialien organischen Ursprungs durch Messung ihres Gehaltes an Kohlenstoff 14 datieren ließen (Radiokarbon- oder ^{14}C-Datierung), bedeutete dies zunächst noch lange keinen Bruch mit der langgehegten herkömmlichen Ansicht über die Megalithen. Im großen und ganzen bestätigten die nach dem neuen Verfahren gewonnenen Zeitansätze sogar die konventionelle Auffassung, daß man seinerzeit, was Architektur und andere Kulturbereiche anging, im Nahen und Mittleren Osten besonders innovationsfreudig und allen anderen geographischen Regionen weit voraus war. Erst als man Radiokarbondaten mit Baumringdaten verglich, die man der kalifornischen Borsten- oder Grannenkiefer (*Pinus aristata*) verdankte – einem außergewöhnlich langlebigen Gewächs, das ein Zurückverfolgen der Baumringdaten bis 5000 Jahre vor der Gegenwart zuläßt –, stellte sich heraus: Daten vor der Zeitmarke 1200 v. Chr. waren bis rund 800 Jahre zu ›jung‹. Nun begannen die Archäologen umzudenken. Denn es zeigte sich, daß die Megalithbauten älter waren als ihre vermeintlichen Vorbilder! Die durch historische Zeugnisse in die Zeit um 3000 v. Chr. und später datierten altägyptischen Pyramiden erwiesen sich nun um 1000 Jahre jünger als so manches Kammergrab in der Bretagne, das nach Ausweis der korrigierten (›kalibrierten‹) Radiokarbondatierung bereits um 4000 v. Chr. entstanden sein mußte. Sogar Britannien und Dänemark besaßen gegen 3300 v. Chr. bereits Großstein-Grabbauten. Die Tempel auf Malta, mit deren Bau man nur wenig später begann, können – so Colin Renfrew, ein bekannter Archäologe und Prähistoriker, dessen besonderes Interesse Datierungsfragen gilt – sogar beanspruchen, als der Welt älteste freistehende Steinbauwerke betrachtet zu werden[1].

Damit stellen die Megalithbauten ihren Schöpfern das Zeugnis besonderer, kreativer Intelligenz und technischer Fertigkeit aus. Nicht nur, daß die angewendeten Bauweisen allem Anschein nach an verschiedenen Punkten unabhängig voneinander entwickelt wurden, sondern Steinreihen wie die von Stonehenge stellen auch ein enormes Wissen auf den Gebieten der Geometrie und der Astronomie unter Beweis[2]. Wir müssen mithin feststellen, daß Gesellschaften höchst archaischen Gepräges über ganz unerwartete Fähigkeiten und Kenntnisse verfügten, und vielleicht liegt hierin wenigstens einer der Gründe für das neuerwachte Interesse an der Vorgeschichte. Anthropologen, Neurophysiologen, Psychologen, Architekten, ja sogar Fotografen ließen sich von den Megalithbauten in ihren Bann schlagen. Auch Vertreter von der Archäologie denkbar weit entfernter wissenschaftlicher Disziplinen brachten neue Thesen vor, von denen wir uns eine Bereicherung unseres Wissens über die Steinzeit und ihre Menschen versprechen dürfen.

Warum wandten diese Menschen der Frühzeit so viel Zeit und Energie auf, um Bauwerke zu errichten und auszuschmücken, die eindeutig kultischen Zwecken dienten? Daß man in europäischen Megalithbauten Menschenüberreste fand, deutet neben anderen, in gleiche Richtung weisenden Anhaltspunkten darauf hin, daß die fraglichen Anlagen mit Todes- und Jenseitsvorstellungen zu tun hatten. Anderswo, so auf Malta, fehlt dagegen jeglicher Hinweis auf eine Verwendung der Bauten als Begräbnisstätten. Allerdings waren die Toten in der Regel nie so reich mit Grabbeigaben versehen, wie man dies beispielsweise aus altägyptischen Königsgräbern gewohnt ist. Unsere Anhaltspunkte sind also vergleichs-

4 Cairn (›Steinhügelgrab‹) bei Nether Largie Farm, Kilmartin (Grafschaft Argyll, Schottland). ▶

5 ›Altar‹ mit Bohrlochverzierung, Mnajdra (Malta).

weise spärlich. Zahlreiche megalithische Monumente enthalten aber geheimnisvolle Botschaften ihrer Erbauer. Um diese Botschaften geht es hier. Es sind abstrakte Symbole, die Menschen der Jungstein- wie der Frühbronzezeit in Stein ritzten, Symbole, deren Verbreitungsgebiet sich mit dem der Megalithen deckt. Sie bezeugen eine verblüffende und gleichzeitig bedeutende

6 Kraggewölbe der Grabkammer in Newgrange (Grafschaft Meath, Irland).

Entwicklung prähistorischer Kunst. In einer Phase auftauchend, als der Mensch begann seßhaft zu werden, Landwirtschaft zu treiben, Häuser zu bauen, Großsteingräber zu errichten und wohl auch stärker als bisher Leben, Tod, Zeit und Vergänglichkeit zu reflektieren, künden sie vielleicht von den allerersten Versuchen, eine Art Schrift zu schaffen.

7 Ganggrab La Roche-aux-Fèes (Bretagne, Frankreich).

8 Orthostaten flankieren den Gang von Newgrange (Grafschaft Meath, Irland).

9 Steinreihen in Le Menec bei Carnac (Bretagne, Frankreich).

10 Haġar Qim (Malta).

11 Teil des ›Großen Kreises‹ von Avebury (Grafschaft Wiltshire, England).

12 Menhire bei Temple Wood in der Nähe von Kilmartin (Grafschaft Argyll, Schottland).

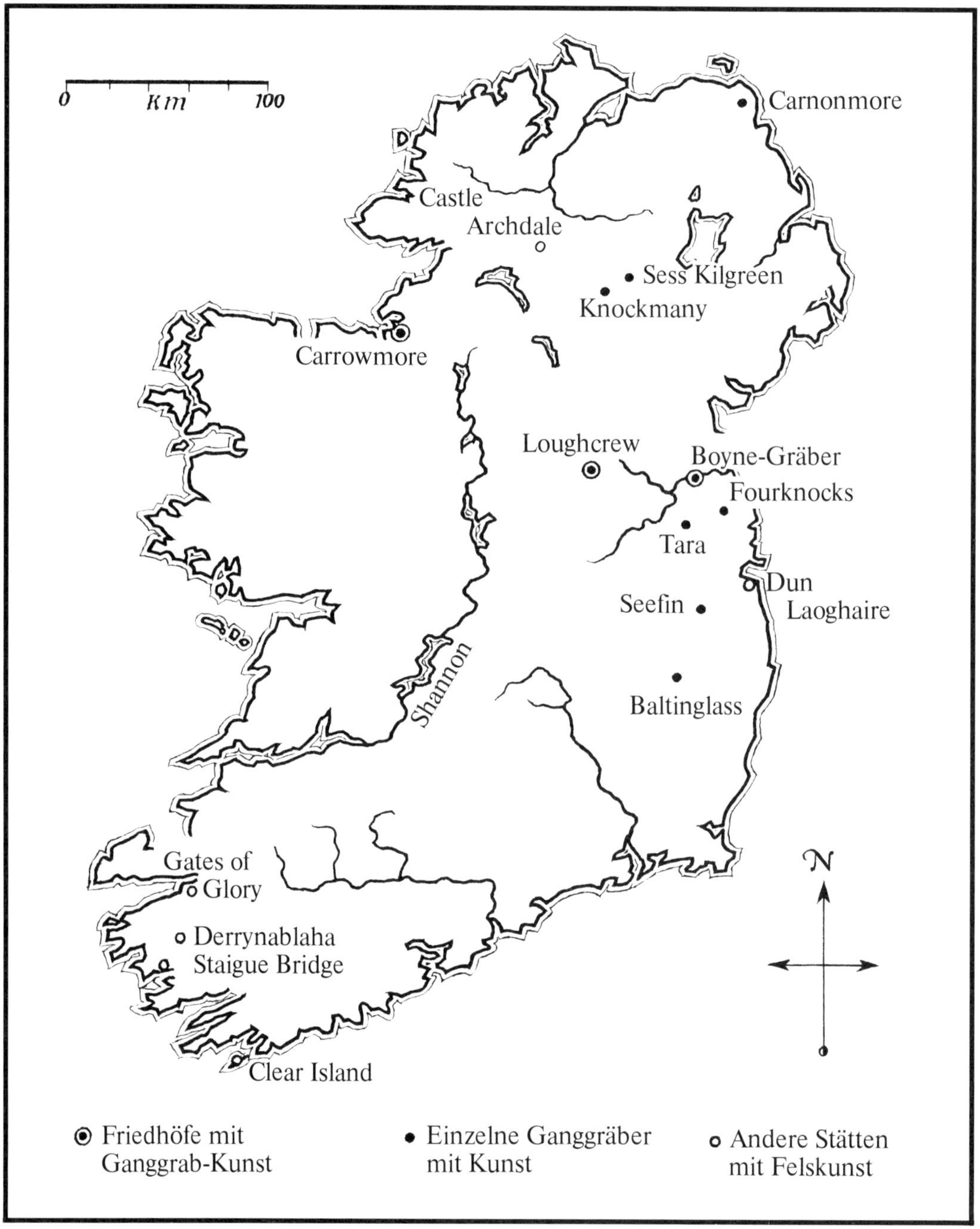

13 Karte Irlands mit wichtigen Fundstätten.

2 Ganggrabkunst

Soweit steinzeitliche Symbole auch in den atlantischen Gebieten Europas sowie in Italien und auf Malta verbreitet sind – es gibt doch verblüffende Übereinstimmungen von Land zu Land. Ein charakteristischer ›Dekorstil‹ ist mit der Architektur so geräumiger Grabkammern wie in den Ganggräbern auf der Insel *Gavrinis* (im Golf von Morbihan/Bretagne) und von *Newgrange* (in Irland) verbunden. Andere – als ›Schälchen und Ringe‹ bezeichnete – Symbolkombinationen lassen sich fast ausschließlich an isolierten Partien anstehenden Felsgesteins oder an Geröllblöcken, bisweilen auch an einzeln oder in Reihen von Menschenhand aufgerichteten Steinsetzungen beobachten. Eine dritte Motivgattung ist ausschließlich in den weichen, leicht zu bearbeitenden Kalkstein der Tempel auf der Insel Malta eingemeißelt. Alle drei Motivkombinationen sind sehr ausgeprägt, obwohl es gewisse allgemeine Grundmotive wie die Spirale gibt, die gelegentlich ebenso zwischen ›Schälchen‹ und Ringen auftaucht wie innerhalb der beiden anderen Motivgruppen. Das Formenrepertoire der Ganggrabkunst besteht größtenteils aus zusammenhängenden Gruppen abstrakter, geometrischer Motive: Kreise und Bögen, Rauten, Zickzackmuster, Schlangenlinien und Spiralmotive[1]. Man findet sie insbesondere in Gräbern West- und Nordwesteuropas wie in Irland, Großbritannien, Frankreich, Spanien und Portugal. Zahlreiche Vorgeschichtsforscher, darunter der berühmte Abbé Henri Breuil, der Altmeister der Höhlenkunstforschung, hielten die fraglichen Muster größtenteils für anthropomorph – bis zur Abstraktion konventionalisierte, schematisierte Wiedergaben menschlicher Körper- oder Gesichtsformen. Andere dagegen – zu ihnen gehören der Ausgräber des Ganggrabes von Newgrange, Prof. M. J. O'Kelly, und Evan Hadingham, der Autor eines sehr lesenswerten Buches über Ritzungen und Steinreliefs auf britischem Boden[2], warnen allerdings davor, mit aller Macht Menschengesichter oder menschliche Gestalten ›nachweisen‹ zu wollen, wo vielleicht gar keine Menschendarstellung beabsichtigt war.

Ob anthropomorph oder nicht (wahrscheinlich nicht) – die einprägsamste Manifestation des Ganggrabstils ist der Stein am Grabeingang von Newgrange in Irland (Abb. 20). Zusammen mit zwei anderen Großsteingräbern (*Knowth* und *Dowth*) und einer Anzahl kleinerer ›Satellitengräber‹ bildet dieses große Ganggrab eine regelrechte Nekropole (Friedhof, wörtlich: ›Totenstadt‹) in der Grafschaft Meath etwa 40 km nördlich von Dublin. Diese Häufung vorgeschichtlicher Grabhügel liegt in einer Krümmung des Flusses Boyne. Von Newgrange aus hat man einen herrlichen Blick über das grüne Tal. Ganz sicher handelt es sich hier um jene uralte Begräbnisstätte *Brugh na Boinne*, die seit dem 10. Jahrhundert n. Chr. immer wieder in der irischen Literatur auftaucht – hier ruhten die Könige von Tara neben dem alten Gott *Dagda Mor*.

Wie eh und je ist Newgrange mit seiner Verkleidung aus schimmerndem Flußquarz ein bemerkenswertes Werk vorgeschichtlicher Baukunst. Alten Quellen zufolge war der Hügel, der sich über dem eigentlichen Grab wölbt, oben abgeflacht und meilenweit sichtbar. Inzwischen wurde er im Auftrag der für öffentliche Bauten zuständigen Landesbehörde restauriert und bietet nun wieder annähernd den gleichen Anblick wie zu seiner Entstehungszeit (wohl etwas mehr als 3000 Jahre v. Chr.). Mit seinen 11 m Höhe bildet Newgrange eine durchaus in die Augen fallende Landmarke (Abb. 19), wenn auch in vorgeschichtlicher Zeit der Eindruck auf die damaligen Menschen noch gewaltiger gewesen sein muß und das Grab nach seiner Restauration im übrigen etwas zu adrett und ein wenig zu modern im Profil wirkt ...

Den Hügel von Newgrange umgeben – außer

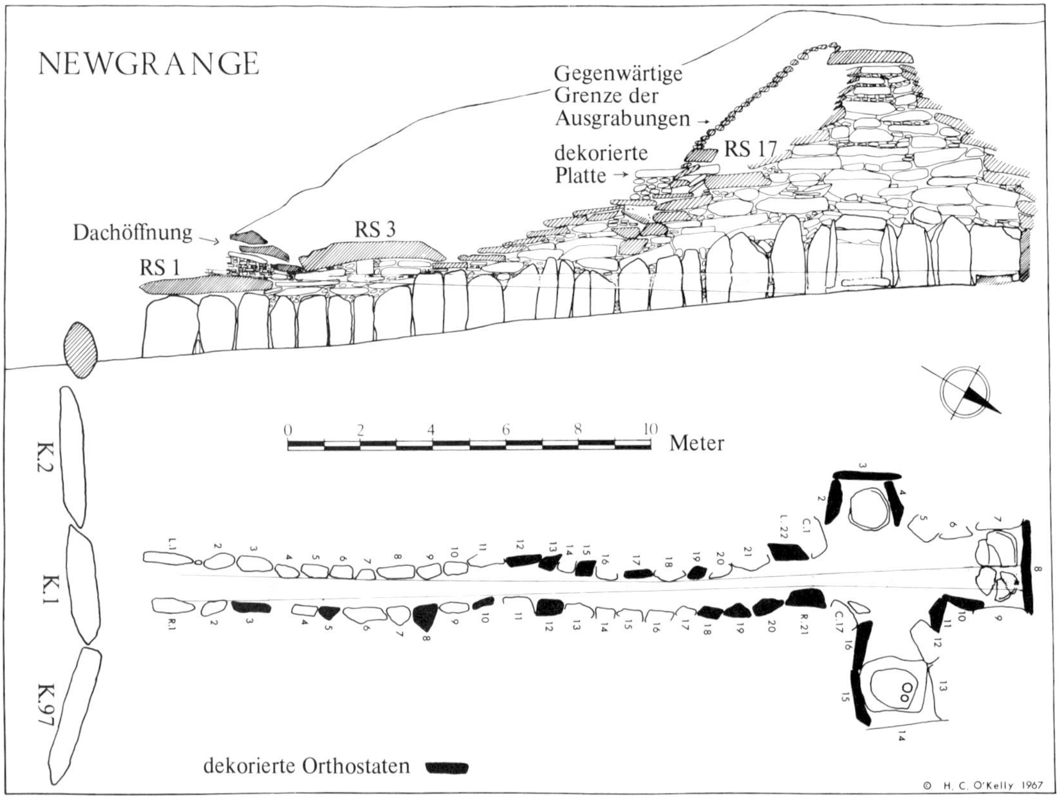

14 Teilaufriß und Plan von Newgrange. Man erkennt, welchen Weg die Sonnenstrahlen am Tage der Wintersonnenwende nehmen.

dem Eingangsstein – 97 Steinplatten, die einen nirgends unterbrochenen Kreis bilden (Abb. 29). Keine davon freilich läßt sich, was ihre Verzierung angeht, mit dem Eingangsstein vergleichen, doch die meisten weisen die typischen Motive der Ganggräberkunst auf. An anderen Gräbern der dortigen Nekropole findet man Sonnen bzw. blumenartige Muster dargestellt.

Der riesige Eingangsblock besteht aus Sandstein und stammt wahrscheinlich aus einem mehrere Kilometer entfernten Steinbruch[3]. Etwa 3,20 m lang und 1,30 m hoch, ist er ganz und gar mit Spiralen, parallellaufenden kurvilinearen Mustern und Rauten bedeckt. Die Plazierung der Symbole verrät ein ausgesprochenes Formgefühl, das Relief ist tief und meisterhaft ausgeführt. Die Oberfläche wurde bearbeitet, um den ursprünglich vorhandenen Gletscherschliff zu beseitigen, so daß der gesamte Stein eine gleichmäßig grüne Farbe aufweist. Neben der Steinmitte verläuft ein rätselhafter senkrechter Riß. Ein solcher Riß ist auch an einem anderen Block der Steinumrandung sowie am Eingangsstein des benachbarten Knowth-Grabes zu beobachten.

Charakteristisch für die Ganggrabkünstler sind die hier angewandten Reliefier-Techniken: zuerst ritzte man (gewissermaßen als ›Vorzeichnung‹) die Motive leicht in die Steinoberfläche und grub die Umrisse anschließend mit Feuerstein- oder Quarzspitzen tief ins Gestein ein. Bisweilen trug man auch ein Stück der ursprünglichen Oberfläche ab, so daß das Motiv als echtes

Relief erhaben hervortrat. In anderen Fällen – wie hier beim Newgrange-Eingangsstein – bearbeitete man, nachdem die eigentlichen Dekormotive angebracht waren, die gesamte Oberfläche.
Diese Steinplatte mit ihren Verzierungen fällt, wenn man vor dem Eingang des Newgrange-Grabes steht, am meisten ins Auge (Abb. 21); doch verdienen auch andere Elemente der Eingangskonstruktion Beachtung. So fügte sich einst ein Türstein in den aus zwei Orthostaten gebildeten Eingang, den oben ein steinerner Türsturz krönte. Oberhalb dieses Türsturzes erblickt man eine leicht zurückgesetzte kleinere Öffnung, deren oberen Schlußstein sorgfältig gearbeitete Rauten zieren. Diese Lichtöffnung, zu der man bisher keinerlei Gegenstück fand, bewirkt ein faszinierendes Lichtphänomen im Innern der Anlage.
Den 18,90 m langen Gang, der im Hügelinnern zur Grabkammer führt, flankieren weitere Orthostaten. Die mächtigen Steinpfeiler tragen durchweg Verzierungen – teils sorgfältig geplant und ausgeführt; andere dagegen sind eher plump und lassen nachträgliche Ausbesserungen erkennen. Drei Nischen gehen zu beiden Seiten und in Fortsetzung der Gangrichtung von der Grabkammer ab (Abb. 24). Jede enthält einen beckenartig geformten Stein. Die mittlere Nische unmittelbar gegenüber der Gangeinmündung besitzt an ihrem Steinbecken ein dreifaches Spiralmotiv. Jahrelang erzählte man sich, daß an einem bestimmten Tage des Jahres die Sonne in die Kammer schiene und ihre Strahlen dann genau auf dieses Spiralmotiv fielen. Selbstverständlich verwarfen alle Sachkundigen das als Ausgeburt der Phantasie.
Dennoch ließ es sich Professor O'Kelly nicht nehmen, zur Zeit der Wintersonnenwende – am 21. Dezember – 1969 den Sonnenaufgang in diesem Ganggrab zu erwarten. Hier seine Aufzeichnungen: »Genau 9⁵⁴ Uhr britischer Sommerzeit schob sich der obere Rand des Sonnenballs über den Rand des vom Grab aus wahrnehmbaren Gesichtskreises, um 9⁵⁸ Uhr drang der erste Strahl direkten Sonnenlichtes durch die Öffnung über der Tür, den Gang und über den Grabkammerboden bis zur Vorderkante des Steinbeckens in der Endkammer. Als sich der dünne Lichtstreif auf ein 17 cm breites Band verbreiterte, das über den Grabkammerboden lief, wurde das Grabinnere in indirektes Licht getaucht, das eine dramatische Wirkung hervorrief und zahlreiche Einzelheiten der Endkammer wie der Seitenkammern deutlich sichtbar machte. 10⁰⁴ Uhr wurde das 17 cm breite Lichtband wieder schmaler, und genau 10¹⁵ Uhr fiel kein direktes Sonnenlicht

15 Wintersonnenwende in Newgrange. Beim Sonnenaufgang am kürzesten Tag des Jahres fallen eine Viertelstunde lang die Sonnenstrahlen durch eine Öffnung über dem Eingang und beleuchten den gesamten Gang sowie die Rückwand der Grabkammer.

16 Mr. Michael Smith, der Wärter von Newgrange.

mehr ein. Beim Sonnenaufgang am kürzesten Tage im Jahr vermag also genau 17 Minuten lang Sonnenlicht in Newgrange einzudringen, und dies nicht durch den Eingang, sondern durch die eigens geschaffene schmale Scharte unter dem äußersten Ende der Gangüberdachung[4]«.

Die Kammer in Newgrange stellt eine außerordentliche Leistung dar, dies gilt sowohl für die architektonische Lösung des Innenraumproblems als auch für die Ingenieurleistung, die eine solche Lösung überhaupt erst ermöglichte. Wo sich der Gang zur Kammer hin öffnet, nimmt die Höhe der Orthostaten zu, und die Gangdecke weitet sich zur bienenkorbförmigen Kuppel. Zwischen den schweren Sandsteinplatten liegen Schichten kleinerer Steine. Zerquetscht durch das Gewicht der Platten und des darüber aufgetürmten Grabhügels, bilden sie für die auf ihnen lastenden ungeheuren Massen eine ebene Tragschicht. Infolgedessen sind in all den Jahrtausenden seit dem Bau des Grabes nur zwei Steine der Decke zerbrochen[5].

Die Dekoration im Grabinnern wiederholt größtenteils die bereits am Eingangsstein anklingende Motivik. Um die Muster deutlicher hervortreten zu lassen, bearbeitete man die Oberfläche der Orthostaten entsprechend. Außergewöhnliche Motive zeigen nur zwei. Der eine (von Claire O'Kelly, deren Führer Besucher dieses Monumentes unbedingt zu Rate ziehen sollten, als L 19 bezeichnet) zeigt eine in starkem Relief hervortretende Kombination von Spiralen und Zickzacklinien. Der andere – L 22 – weist gleichfalls Zickzacklinien auf, die sich allerdings weniger deutlich abzeichnen.

Die drei Ausbuchtungen oder Nischen an der West-, Nord- und Ostseite der Kammer bewirken, daß sich der Grundriß der Anlage fast schon wie eine Vorwegnahme der Kreuzform christlicher Kirchen ausnimmt. Kein Zweifel – wir haben es hier mit einem höchst eindrucksvollen Schauplatz kultischer Riten zu tun, wobei der Aufschwung des Gewölbes über der Kammer, der einen so lebhaften Gegensatz zur niedrigen Gangdecke und dem dadurch hervorgerufenen Gefühl der Beengtheit bildet, das Seine zur Raumwirkung beiträgt.

Ein Steinbecken befindet sich in der Westnische, ein weiteres, zerbrochenes, in der Nordnische, während zwei ineinander bzw. aufeinander gestellte Becken dieser Art in der Ostnische zum Vorschein kamen. Das obere der beiden letztgenannten Exemplare wurde mit großer Sorgfalt aus Granit geformt und besitzt an seinem Rand zwei schälchenförmige Eintiefungen. Die beiden anderen Becken bestehen aus Sandstein und Schiefer. Das beste zur Zeit bekannte Exemplar derartiger Becken aus den prähistorischen Gräbern Irlands fand sich allerdings nicht in Newgrange, sondern im benachbarten Knowth. Es ist nicht zugänglich, weil in Knowth Ausgrabungen stattfinden. Nach Ansicht der Archäologen nahmen die Becken in Newgrange und anderswo – z. B. in Baltinglass – beim Bestattungszeremoniell den Leichenbrand (die Überreste des verbrannten Leichnams) auf. Die an der Ostseite der Hauptkammer gelegene Seitennische wurde am

häufigsten benutzt. Sie weist reichere Dekoration auf und übertrifft die anderen Nischen auch etwas an Größe. Möglicherweise deutet diese Asymmetrie darauf hin, daß man der rechten Seite größere Bedeutung zumaß als der linken[6].
Die eher spärlichen Grabbeigaben-Funde in diesen Gräbern[7] erlauben uns nur kümmerliche Aufschlüsse über die Schöpfer dieser Megalithbauten.
Die Kleinfunde beschränken sich auf Stein- und Tonbällchen in Murmelgröße, auf Tonscherben, Knochennadeln (vielleicht zur Befestigung von Kleidungsstücken oder zum Verschluß von Lederbeuteln mit Asche), Knochen-›Perlen‹ und Anhänger, letztere oft in Gerätform und mit Halbedelsteinen besetzt.
Die meisten kleinen Objekte dieser Art weisen Brandspuren auf, was darauf hindeutet, daß man sie mit ihren verstorbenen Besitzern zu verbrennen pflegte. Die Schmuckstücke, die man zutage förderte, indem man Leichenbrand-Asche und Ablagerungen auf den Grabkammerböden durchsiebte, beweisen nach Herity[8] ein kulturelles Niveau, das durchaus dem hohen Stand der Baukunst entspricht. Obwohl unmittelbare Belege für die Art der Kleidung fehlen, hat man – gleichfalls Herity zufolge – allen Grund zu der Annahme, daß sich die Menschen jener Zeit

17 Gebiet um Newgrange.

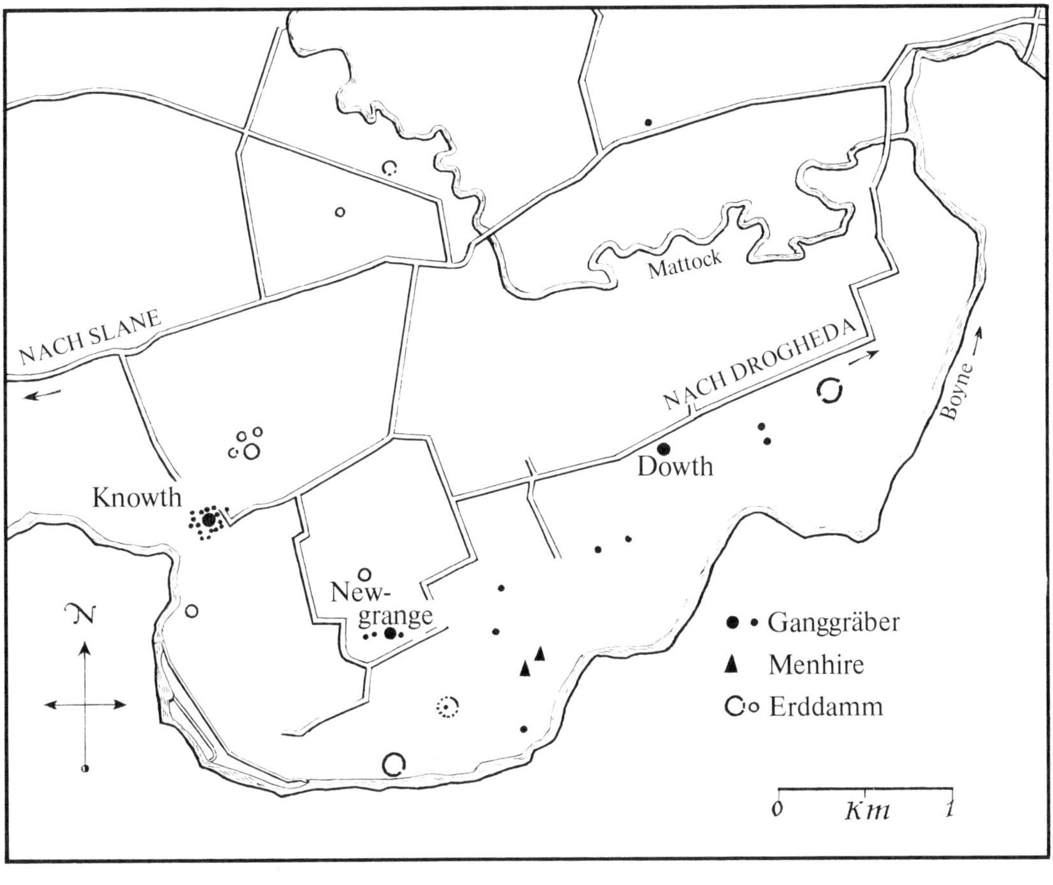

ebenso zweckmäßig und geschmackvoll anzuziehen wußten, wie sie sich offenkundig zu schmükken verstanden. So zeichnet sich das Bild einer Bevölkerung ab, die nicht allein über Fähigkeiten in den Bereichen der Bau- und Ingenieurkunst verfügte, sondern ihre Toten mit feierlichem Zeremoniell brandbestattete und darüber hinaus in Kleidung und Schmuck ebenso über Schönheitssinn wie Geschmack verfügte.
Herity und George Eogan äußerten die Vermutung, es habe bereits vor dem Bau der Boyne-Gräber einen Stand von ›Priesterarchitekten‹ gegeben – ein Gedanke, den auch Euan MacKie aufnimmt, nach dessen Auffassung es einen solchen ›Priesterarchitektenstand‹ auf sämtlichen britischen Inseln gab[9]. Tatsächlich muß es eine Führungsschicht gegeben haben, die imstande war, Bautrupps von je etwa 100 körperlich geeigneten Arbeitsleuten aufzustellen. Unter Anwendung einfacher technischer Hilfsmittel[10] wie Hebel (Brechstangen, Hebebäume), abgeschrägten Rampen, Schlitten, Rollen – und selbstverständlich menschlicher bzw. tierischer Muskelkraft als einziger Energiequelle zum Ziehen, Tragen und Bewegen –, mit Stricken aus Pflanzenfasern und Rohhäuten errichteten diese Leute jene Bauten, vor denen wir heute bewundernd stehen: die letzten Ruhestätten ihrer Anführer und deren Familien.
Knowth, der größte Grabhügel der Boyne-Gruppe, kann wohl künstlerisch und architektonisch durchaus mit Newgrange wetteifern. Seit 1962 wird hier gegraben, und zweifellos werden die Ausgrabungen noch manches Jahr dauern. Verständlicherweise ist der Öffentlichkeit inzwischen der Zugang verwehrt, und die Ornamente der Steinumrandung sind unter schwarzen Kunststoffhüllen verborgen (Abb. 32-35). Das Symbol-Repertoire gleicht dem von Newgrange. Verschieden ist allerdings der Stil der Reliefs. So vermißt man den ausgeprägten Sinn für dramatische Komposition, die Reliefs sind nicht so tief, die Motive nicht in gleichem Maße wie in Newgrange der Form der Steine angepaßt. Am verbreitetsten sind Schlangenlinien und konzentrische Bögen.
Knowth, das etwa 1,2 km nordwestlich von Newgrange liegt, war einst wahrscheinlich 11 m hoch und besaß nicht weniger als 140 Randsteine. Schon früher wurde der Grabhügel mit seinen 15 Satellitengräbern archäologisch untersucht, doch auf einen Hauptgang stieß man damals nicht. Erst 1967 wurde ein langer Gang entdeckt. Auch er besaß – wie Newgrange – am Eingang einen Stein mit vertikalem Spalt. Und auch die Steine im Innern wiesen Dekorationen auf, wobei die Ziermotive der Grabkammer denen am Eingang entsprachen. Doch wie staunten die Ausgräber, als 1968 ein zweiter Gang zum Vorschein kam, der dem ersten an Länge glich! Er begann genau gegenüber dem ersten Gang und führte zu einer zweiten Grabkammer, die nur wenige Meter von der ersten trennten. Wie es scheint, wurden beide Gänge annähernd zur gleichen Zeit angelegt. Innerhalb der zweiten Kammer kam das reliefierte Steinbecken ans Licht, von dem bereits die Rede war. Es lag zerbrochen in der rechten Nische.
Erst wenn die Ausgrabungen beendet sein werden und das vollständige Bauwerk mit seinen ringsum angeordneten Randsteinen und dem eigentlichen *cairn* (der Großstein-Grabanlage) mit dessen Kammern und dem großartigen Steinbecken in seiner Gesamtheit überschaubar ist, wird vielleicht ein echter Vergleich mit der Architektur von Newgrange möglich sein. So sehr sich die Kunststile gleichen, sie weisen doch auch unverkennbare Eigenheiten und Abweichungen auf. Auf jeden Fall verspricht Knowth, sich als höchst beachtenswertes Monument zu erweisen. Bis dieses Grab auch Laien zugänglich sein wird, lohnen Newgrange und Dowth – beide von Knowth aus leicht von einem Fußgänger zu erreichen – den Besuch vollauf.
Dowth, 2 km nordöstlich von Newgrange gelegen, ist das dritte unter den bedeutenderen Gräbern im Boyne-Tal. Hier erblickt man an einem der Randsteine eines der bezauberndsten und wohl auch ›gegenständlichsten‹ Zeichen der Ganggrab-Kunst: sieben Sonnen, anscheinend etwas unbekümmert in den Stein geritzt und auf diesem verteilt (Abb. 39). Auch hier fehlt es im Innern nicht an weiteren Dekorationen. Wer derartige Entdeckungsfahrten liebt, wird voll dafür belohnt, daß er sich in eine Situation begibt, die allerdings ängstlichen Gemütern ein wenig Beklemmung einflößen kann: Bei Funzellicht geht

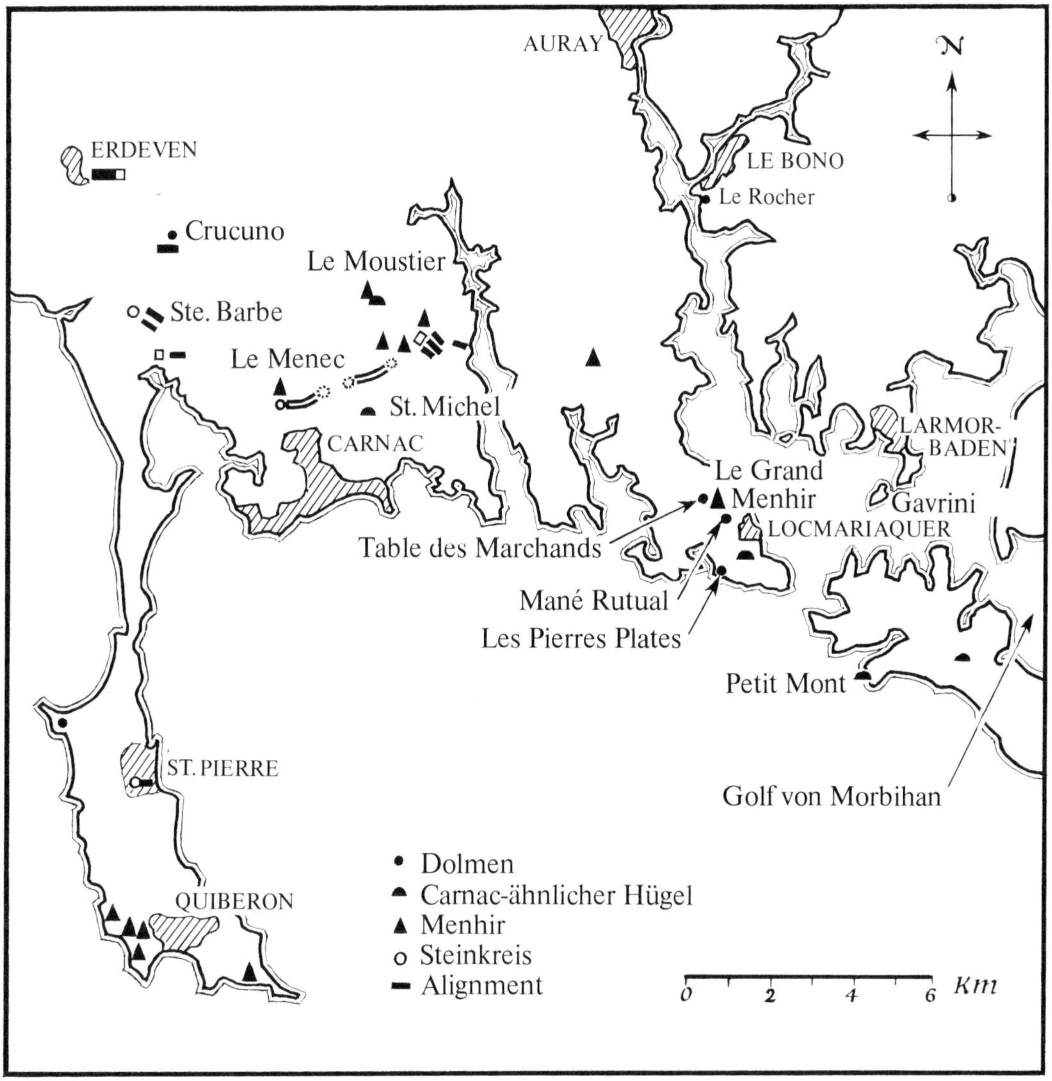

18 Karte einiger bedeutenderer Fundstätten in der Umgebung von Carnac (Bretagne, Frankreich).

es über eine steile, eiserne Leiter in eine feuchte, finstere Kammer hinab, die zum Aufenthaltsort für Tote wie geschaffen erscheint.

In Loughcrew, etwa 48 km westlich von Dowth, machte 1836 ein dort ansässiger Schulmeister namens Eugene Alfred Conwell eine erstaunliche Entdeckung. Als er mit seiner Frau einen Ausflug zum ›Hexenhügel‹ *(Hill of the Witch)* unternahm, fielen ihm nicht weniger als 29 *cairns* (Steinhügelgräber) auf, die sich als weitere vorgeschichtliche Nekropole erwiesen (Abb. 41). In einem der *cairns* fand sich ein steinernes Becken von nahezu 2 m Durchmesser; und so mancher Stein im Innern der Grabkammern trägt Dekorationen, die an Dowth erinnern: blumenartige ›Sonnen‹, ›Sonnen‹ mit Strahlen, konzentrischen Bogenlinien – alles in einem volkstümlichen, fast an moderne *comics* erinnernden Stil der Linienführung (Abb. 42-45).

Die nächste bedeutende Konzentration vorgeschichtlicher Ganggrabkunst auf irischem Boden liegt etwa 16 km südlich der Boyne-Gruppe in Fourknocks I. Nach Newgrange ist dies die architektonisch vielleicht eindrucksvollste Anlage, denn die Kammer hat einen Durchmesser von 4,90 - 6,00 Meter (Abb. 46). Sobald man sie betritt, schlägt einen die faszinierende Dekoration förmlich in ihren Bann. Über zwei der drei weiten Nischen liegen eindrucksvolle ›Türstürze‹ mit erhaben hervortretenden Zickzack- und Rautenmustern (Abb. 47-49). Ein weiterer ›Türsturz‹ mit einfacherem ›Gefreitenwinkel‹-Muster schließt den Kammereingang oben ab und erzeugt eine dramatische Raumwirkung – ein Meisterwerk des Ganggrabstils. Architektur und ornamentale Symbolik schaffen zusammen einen sakralen Raumcharakter, der jedem nur denkbaren weihevollen Ritual angemessen erscheint. Zwar fehlt es in Großbritannien und Irland durchaus nicht an weiteren Beispielen des Ganggrabstils (so in Sess Kilgreen, Knockmany, Clear Island, Seafin und anderswo in Irland sowie Bryn-Celli-Ddu und Barclodiad y Gawres in Wales, ganz zu schweigen vom Eday Stone auf Orkney), doch das einzige wirkliche Gegenstück zu den Boyne-Grabstätten und Fourknocks, das in architektonischer und künstlerischer Hinsicht den Vergleich mit diesen nicht zu scheuen braucht, befindet sich auf der zu Frankreich, und zwar zur Bretagne gehörenden Insel Gavrinis im Golf von Morbihan. Um dorthin zu gelangen, muß man in Larmor-Baden (bei Auray an der bretonischen Küste) ein Boot nehmen, das nach Ausweis einer Schrifttafel stündlich ablegt (im Winter allerdings verkehrt es nicht!).

Auf der Insel führt ein kurzer Anstieg zum Grabhügel empor. In der Hügelflanke befindet sich eine schmale Zugangsöffnung, und der Besucher, der das Hügelinnere betritt, sieht sich sofort von einer erstaunlichen Fülle von ›Architekturzierat‹ umgeben. 22 der insgesamt 29 Orthostaten, die das eigentliche Grab bilden, sind über und über mit meisterhaft gearbeiteten Verzierungen bedeckt (Abb. 56). Die Schwelle am Grabkammer-Eingang (Abb. 58, 59) trägt an einer Seite ein ›Gefreitenwinkel‹-Muster wie in Fourknocks; andere Motive an den emporstrebenden Orthostaten dagegen erinnern an Newgrange. Ganze Bündel von Bogenlinien leiten von der natürlichen Form der Steine zu den kraftvollen, einzigartigen Dekormustern über und verbinden die einzelnen Motive miteinander (Abb. 60-67). Manche Motive gelten als anthropomorph (menschengestaltig), andere als rein abstrakt. In ihrer Gesamtheit erwecken sie den Eindruck, als befände man sich in einem Burggemach, dessen Innenwände reich mit Teppichbehängen geschmückt sind – kurz: Man glaubt sich in einem Raum zu befinden, der etwas außerordentlich Kostbares bergen soll. Noch weitere Grabhügel mit eindrucksvollem Schmuck gibt es in Frankreich, doch keiner läßt sich mit Gavrinis vergleichen, wo sich Architektur und symbolträchtiges Zierwerk so großartig ergänzen. Allerdings erblickt man in Les Pierres Plates einige besonders faszinierende Einzelmotive. Les Pierres Plates, eine ganz und gar nicht aufregend aussehende kleine Steingruppe bei Locmariaquer (gleichfalls Dépt. Morbihan/Bretagne), enthält einige schlichte Dekorationen von außerordentlichem Reiz. Beim ersten Blick erinnern sie an Gesichter – insbesondere an traurig blickende Gesichter (Abb. 68-72). Doch bei näherem Hinsehen denkt man eher an jene stilisierten Frauengestalten, die einem überall an vorgeschichtlichen Steinmalen in Frankreich begegnen: Bildnisse einer jungsteinzeitlichen Göttin, von Fachleuten als ›Dolmengottheit‹ und ›Menhirstatue‹ bezeichnet.

In L'Ile Longue, Petit Mont, Mané Rutual und Le Rocher – alle (wie Gavrinis und Pierres Plates [und schließlich auch Carnac mit seinen berühmten Steinsetzungen; *d. Übers.*]) im Département Morbihan – gibt es nicht weniger einfache und fast als zart anzusprechende Dekormotive (Abb. 73-78). Der Stil steht zwar ganz gewiß mit dem Stil der Monumente auf irischem Boden in Verbindung (manche vermuten hier das Ursprungsgebiet der prähistorischen Kunst Irlands), ist aber

NEWGRANGE, GRAFSCHAFT MEATH, IRLAND.

19 Am Tag der Wintersonnenwende aufgenommen: der Hügel nach seiner jüngsten Restauration.

andererseits sehr charakteristisch für das Morbihan-Gebiet. Diese Bildwerke der Bretagne lassen einen ausgeprägten Sinn für Proportionen spüren, gepaart mit einer gewissen Sparsamkeit, ja geradezu Zurückhaltung. Ganz besonders in Pierres Plates genügen wenige, aber richtig plazierte Linien, um Bildwerke von außerordentlicher Symbolkraft entstehen zu lassen. Charakteristisch für Gavrinis ist ein begrenztes Repertoire bestimmter Formen, die stets wiederholt werden, aber mit geringfügigen Variationen, so daß insgesamt der Eindruck eines zwar vielfältigen, aber in sich zusammengehörenden und zusammenhängenden Architekturschmucks bleibt. Newgrange mit seinen grandiosen Rand- und Eingangssteinen und der dramatischen Raumwirkung seiner Kammer, Fourknocks mit seinen großartigen Türstürzen und vielleicht auch Knowth – sie alle repräsentieren außerordentliche Leistungen, und alle haben etwas gemein. Wie in archaischen

20-22 Newgrange: der Eingang. Der große, mit Gravierungen dekorierte Stein vor dem Eingang; Eingang und darüber die Öffnung im Dach; Spiralsymbole am Stein vor dem Eingang.

Gesellschaften üblich, kannte man offensichtlich keinen Unterschied zwischen sakral und profan, so daß es wohl auch bei diesen Steinzeitkunstwerken keinen Unterschied zwischen Symbolen und reinem Ornament gibt.
In Spanien ist die ›Ganggrabkunst‹ weniger durch Architekturornamentik als durch Keramikdekor, Schmuck und flache Idole vertreten, wie sie besonders aus Los Millares bekannt sind. Gemalte Motive sind hier häufiger anzutreffen als Ritzungen bzw. Reliefs, allerdings findet man Ritzzeichnungen von Symbolen in Nordportugal und Südspanien.
In der Cueva de Menga bei Antequera (Spanien) erblickt man einige einfache, anscheinend anthropomorphe Ritzungen unweit vom Ein-

23 Newgrange: der Eingang im frühen Winter; aufgenommen vom Gang aus.

gang der megalithischen ›Höhle‹ (Abb. 82-89). Im Dolmen de Soto bei Trigueros befindet sich eine Anzahl eindrucksvoller Ritzungen an den Orthostaten, die den Gang flankieren. Wie Les Pierres Plates wurde dabei keinerlei Versuch unternommen, die dargestellten Motive in irgendeine Beziehung zu den Elementen der Architektur zu setzen. Vielmehr wurden Kreise, Bogenlinien, beilähnliche Formen und rätselhafte geometrische Zeichen in ganz unterschiedlicher Höhe angebracht. So wirken sie ebenso zufällig wie Wandkritzeleien in einem U-Bahnhof

24 Newgrange: Kammer mit Nordnische (links) und Ostnische (rechts).

oder in irgendeinem Fußgängertunnel. In La Granha de Toniñuelos bei Jerez de los Caballeros (Abb. 81) findet man an den Orthostaten Strahlensonnen, die den entsprechenden Abbildungen in Dowth (Irland) sehr ähnlich sehen.
Viele Ganggräber auf der Iberischen Halbinsel weisen schwache Malereispuren auf. Daher läßt sich nur schwer abschätzen, welche Rolle hier ornamentale Symbolik im Zusammenhang mit der Architektur spielte. Vielleicht bildeten die erhaltenen Ritz- bzw. Reliefmuster lediglich den Bruchteil einer reichen Ausschmückung, die

25-26 Newgrange: der kunstvoll gravierte Deckstein der Ostnische.

möglicherweise dem in Gavrinis entfalteten Ornament-Reichtum nicht nachstand, vielleicht aber handelte es sich auch nur um willkürlich angebrachte spätere Kritzeleien, Nachträge zum Schmuckprogramm – oder um persönliche Gebete!

Nach dem derzeitigen Befund kann man sich des Eindrucks nicht erwehren, daß den ornamentalen Symbolen in den vollendetsten Ganggräbern Irlands und Frankreichs systematische Planung und Überlegung zugrunde liegen.
An den Orthostaten von Gavrinis sowie am Ein-

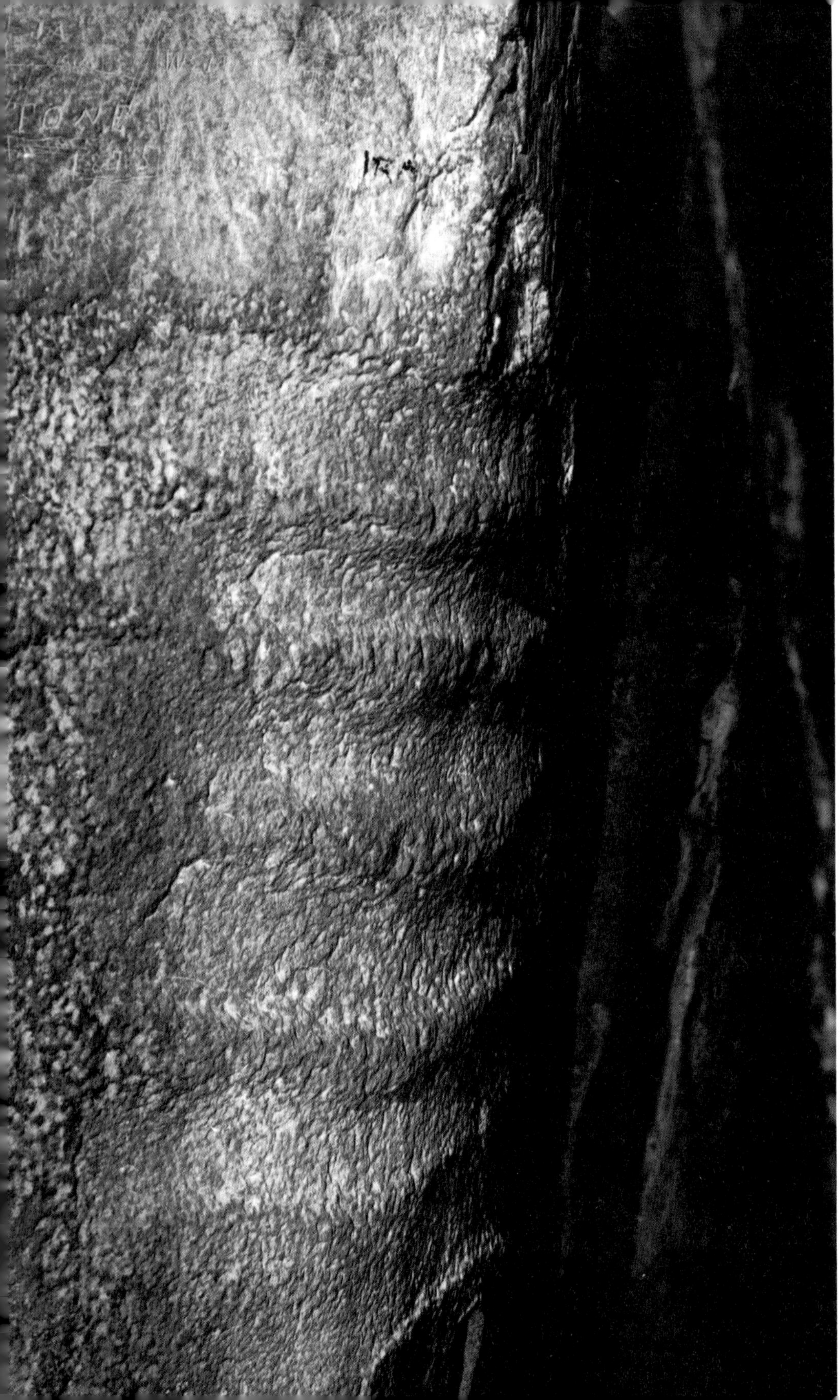

◀ *27 Newgrange: der gerillte Orthostat R 21 im Gang.*
28 Newgrange: Detailansicht des Orthostaten L 19 im Gang.

gangsstein von Newgrange sind die Muster unter geschickter Ausnutzung der natürlichen Steinblock-Form über die gesamte Oberfläche verteilt. Dabei ruft die Wiederholung der Motive eine stark ornamentale Wirkung hervor, ohne der Symbolkraft der Zeichen Abbruch zu tun. Dort, wo sie sich am vollendetsten manifestiert, verbindet die Kunst dieser Ganggräber das enorme künstlerische Potential neolithischer Kultur mit dem Beweis außergewöhnlicher Fä-

29-30 Newgrange: Nordwestseite des Hügels mit Randstein (kerbstone) 52.

higkeiten. Die Anwendung einer auf ein bestimmtes ›Vokabular‹ beschränkten bildnerischen Formensprache für ornamentale wie für rituelle Zwecke kennzeichnet den Beginn einer Verbindung von Kunst und Architektur - einer Ehe, die trotz vorübergehender Phasen der Trennung noch heute fortbesteht.

31 Newgrange: Nordostseite des Hügels mit Randstein (kerbstone) 67.

KNOWTH, GRAFSCHAFT MEATH, IRLAND.

32-34 Dekorierte kerbstones (›Randsteine‹) unweit vom Eingang des Ostgrabes.

35 Detailansicht eines Randsteines.

36 Knowth, Satellitengrab neben dem Haupthügel: verborgenes Ornament an der Rückseite einer aufgerichteten Steinplatte.

DOWTH,
GRAFSCHAFT MEATH,
IRLAND.

37-38 Der Tumulus:
Ornament an einem der
Orthostaten.

39 Dowth: kerbstone (›Randstein‹) mit Sonnenmotiven.

40 Dowth: Detail eines der Orthostaten innerhalb des Grabes mit Sonnensymbol. Vgl. Tafel 81.

LOUGHCREW, GRAFSCHAFT MEATH, IRLAND.
41 Cairn (›Steinhügelgrab‹) I, Blick durch den zerstörten Gang auf den von einem anderen Kammergrab (Cairn T) gekrönten ›Hexenhügel‹.

42 Loughcrew: Grabeingang (Cairn T).

43-45 Loughcrew: gravierte Steine in Cairn T, Cairnbane West und Cairn L.

FOURKNOCKS I, GRAFSCHAFT MEATH, IRLAND.

46 Die Grabkammer. Links die südliche und in der Mitte die westliche Nische.

47 Dekorierter ›Türsturz‹ über der Südnische.

48 Dekorierter ›Türsturz‹ über der Westnische.

49 Fourknocks I: dekorierter Türsturz.

50 Fourknocks I: dekorierte Platte.

Folgende Doppelseite:
51-52 Fourknocks I: sog. ›Gesichts‹- Gravierung sowie eine dekorierte Platte an der Westseite der Kammer.

BALTINGLASS, GRAFSCHAFT WICKLOW, IRLAND.

53 Steinbecken zwischen den Trümmern eines Ganggrabes.

BARCLODIAD Y GAWRES, ANGLESEY, WALES.

54 Dekorierter Stein im Ganggrab.

BRYN CELLI DDU, ANGLESEY, WALES.

55 Aufgerichteter Stein am Eingang des Ganggrabes. Die obere Hälfte dieses Megalithen trägt ein verwittertes Labyrinth-Muster.

GAVRINIS, BRETAGNE, FRANKREICH.

56 Gravierte Orthostaten flankieren den Gang zur Grabkammer.

57-59 Folgende Doppelseite:
Gavrinis zur Zeit der Wintersonnenwende: Blick durch den Gang zur Kammer hin; Steinschwelle und Grabeingang von der Kammer aus; Schwelle und Kammer vom Gang aus.

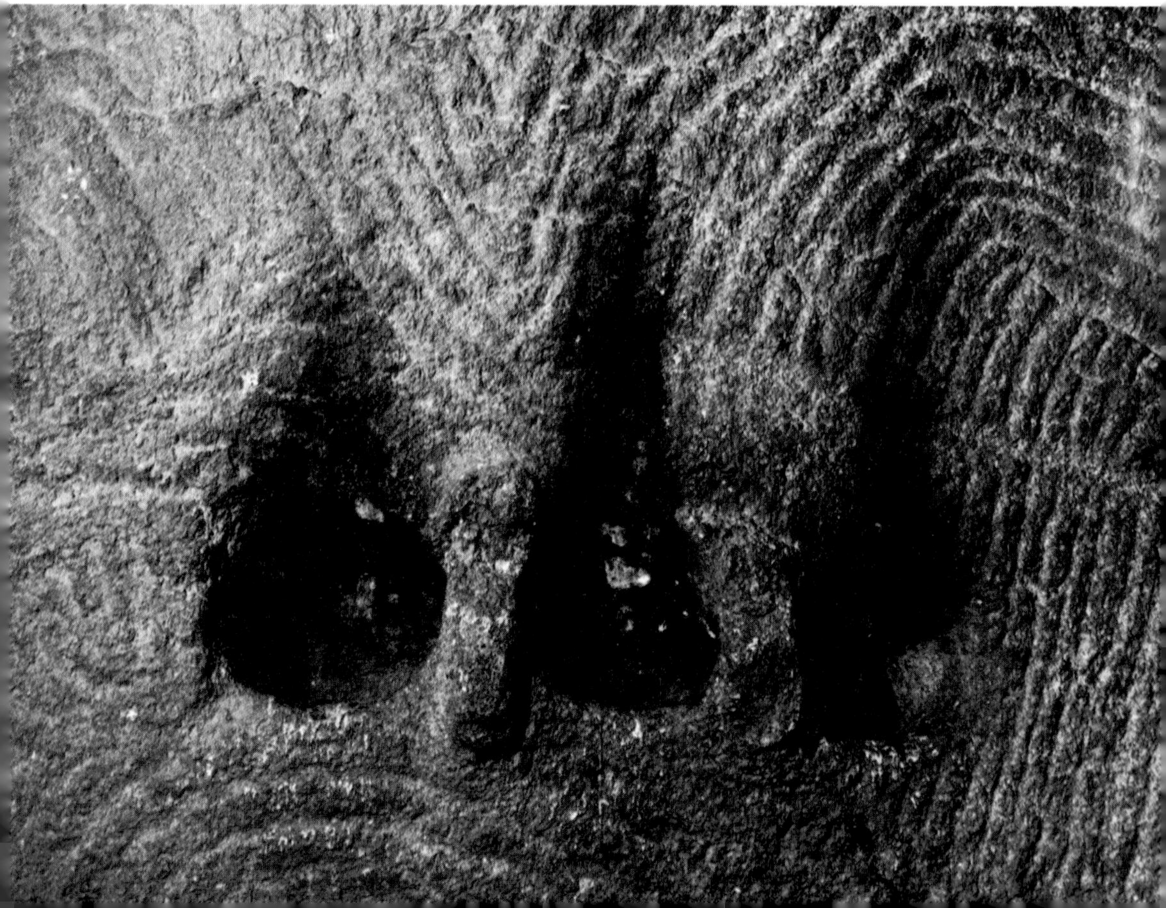

60-62 Gavrinis: Grabkammer und zwei Detailansichten.

63 Gavrinis: Orthostaten mit Gravierung in der Kammer.

64 Gavrinis: Orthostaten mit Gravierungen im Gang.

65-67 Gavrinis: drei Ansichten eines Orthostaten im Gang.

LES PIERRES PLATES, LOCMARIAQUER, FRANKREICH.

68-69 Gravierte Symbole im Innern des Ganggrabes.

70-72 Les Pierres Plates: dekorierte Steine im Grabinnern.

LA TABLE DES MARCHANDS, LOCMARIAQUER, FRANKREICH.

73 Eingang zum Ganggrab.

74-75 Mit einem ›Hakenmuster‹ geschmückter Orthostat am ›Ende‹ des Grabes. Vgl. das Innentitelbild.

MANÉ RUTUAL, LOCMARIAQUER, FRANKREICH.

76 Stein mit Gravierungen im Eingang des Ganggrabes.

MANÉ LUD, LOCMARIAQUER, FRANKREICH.

77-78 Teilansichten von Platten mit Gravierungen.

LA CUEVA DE MENGA, ANTEQUERA, SPANIEN.

79-80 Eingang zum Ganggrab; eingravierte ›Kreuze‹ - die einzige Dekoration, die im Grabesinnern gefunden wurde.

LA GRANJA DE TONIÑUELOS, BADAJOZ, SPANIEN.

81 ›Sonnen mit Strahlen‹. Gravierung an einer senkrechtstehenden Platte im Innern des Grabes. Vgl. Abb. 40.

DOLMEN DE SOTO BEI TRIGUEROS, SPANIEN.

82-84 Eingang zum Ganggrab; Grabinneres; in Stein gravierte Symbole im Grab.

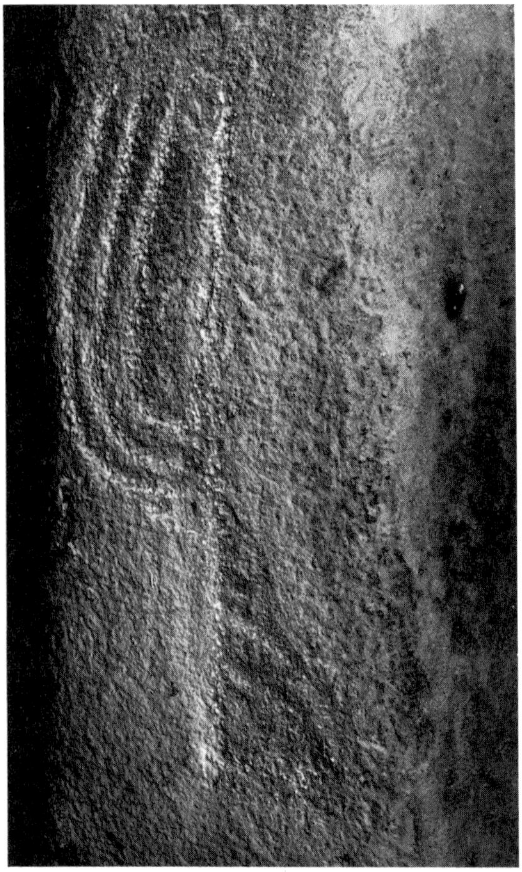

85-89 Dolmen de Soto: Symbole an Steintafeln im Grabinnern.

3 ›Schälchen‹ und Ringe

Üblicherweise unterscheidet man bei neolithischen Fels-›Inschriften‹ zwischen der Ganggräberkunst einerseits und andererseits einer Vielfalt von Formen des Typs *›Schälchen‹ und Ringe,* die an freistehenden Geröllblöcken bzw. isoliert im Gelände liegenden Findlingen oder an Felswänden anzutreffen sind[1].

Aus mancherlei Gründen sollten wir an dieser Unterteilung festzuhalten, obwohl sie nicht ganz uneingeschränkt Geltung besitzt. Beispielsweise findet man auf den Kanarischen Inseln Symbole des ›Ganggrab-Typs‹ unter freiem Himmel an offenliegenden Felswänden ohne die geringste Spur irgendeiner Baulichkeit (allerdings immerhin in der Nähe von Höhlen), während es umgekehrt *›Schälchen‹ und Ringe* auch in irischen Ganggräbern gibt[2].

Doch sieht man einmal von diesen Ausnahmen ab, so ist es möglich, das Bild einer typischen *›Schälchen‹ und Ringe*-Fundstätte zu entwerfen, wobei man sich allerdings darüber klar sein muß, daß es derartige Fundstätten durchaus nicht nur in Europa, sondern auf der ganzen Welt gibt.

Obwohl einfache ›Schälchen‹ - runde Eintiefungen unterschiedlichen Durchmessers - auch an aufrechtstehenden Steinen oder anderen vertikalen Steinflächen vorkommen, sind komplexere Ausführungen des *›Schälchen‹ und Ringe*-Motivs doch eher auf horizontalem Steingrund anzutreffen. In Spanien und Italien allerdings ähneln komplexe Ritz- bzw. Relief-Dekormuster an manchen aufrechtstehenden Steinen (bzw. Stelen) auf verblüffende Weise dem Formenrepertoire der Ganggrabkunst.

Unter Berücksichtigung der Ausnahmen können wir mithin konstatieren: Symbole wie *›Schälchen‹ und Ringe* und Varianten dieser Art von Dekor zieren hauptsächlich einzelne Steine, anstehende Felspartien und einfache Felsgräber wie Steinkisten. Das Formenspektrum reicht von einfachen ›Schälchen‹, die allein oder in größerer Zahl auftreten, bis zu kunstvoll gestalteten Labyrinthen und von bis zu zehn Ringen umgebenen ›Schälchen‹, wobei oft vom Mittelpunkt eine Rille ausgeht. Einzeln oder als Teil größerer Motivkonzentrationen finden sich auch landkartenähnliche Anordnungen von Ringen, Rechtecken mit abgerundeten Spitzen und Punkten - man trifft sie sowohl an größeren, durchgehenden Felsflächen als auch an kleineren, aber miteinander in Verbindung stehenden Felspartien an.

Im allgemeinen lassen diese Muster nicht das gleiche ordnende Formgefühl erkennen wie die Arbeiten an den Steinen der großen Ganggräber. Ihre Anordnung nimmt kaum Rücksicht auf die natürliche Form des jeweiligen Steins. Mögen die konzentrischen Kreise rings um ein ›Schälchen‹ mit noch so großer Sorgfalt, ja, sogar mit Sinn für Proportionen ausgeführt sein - die Beziehungen der einzelnen Symbole zueinander scheinen doch mehr oder weniger dem Zufall überlassen worden zu sein. Ganz anders die Künstler, denen die Ganggräber ihre Dekoration verdanken. Sie haben sich offenbar - zumindest gilt dies für die besten ihrer Leistungen - nicht auf die sorgfältige Ausführung der einzelnen Symbole beschränkt, sondern legten wohl ebensolchen Wert auf die Beziehungen dieser Symbole zueinander, zur Form des Steins und zu sämtlichen anderen Dekorelementen.

Doch so groß die Unterschiede zwischen der Kunst des *›Schälchen‹ und Ringe*-Typs und dem Repertoire der Ganggrabkunst auch sein mögen - *zeitlich* immerhin scheinen sich beide zu überschneiden. R. W. B. Morris, ein Gelehrter, der 15 Jahre lang die *›Schälchen‹ und Ringe*-Muster Schottlands untersucht hat, setzt die Petroglyphen (wörtlich: ›Felskerbungen‹) in der Grafschaft Argyll früher als 1600 v. Chr. an[3]. Nach Evan Hadingham waren einfache ›Schälchen‹ das älteste und verbreitetste Felskunstmotiv auf britischem Boden. Er weist die ›Schälchen‹ an

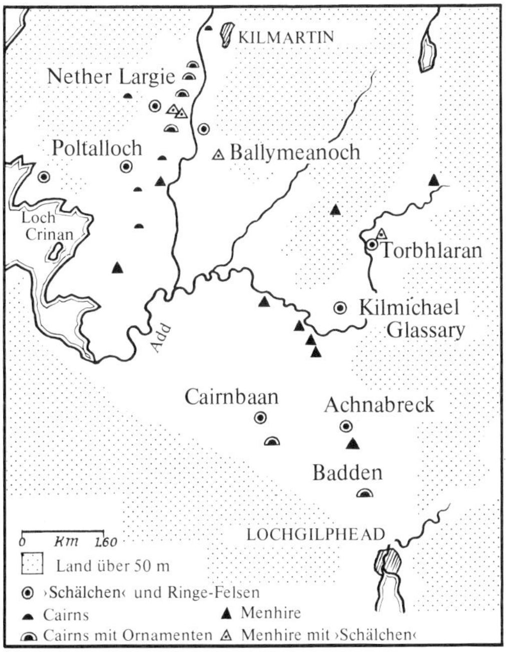

90 Karte der Fundstätten im Zentrum der Grafschaft Argyll (Schottland).

Kammergräbern in die Zeit zwischen 4000 und 2000 v. Chr., die an stehenden Steinen und Steinkreisen in die Phase zwischen ungefähr 2500 und 1200 v. Chr., die an Steinen in Einzelgräbern schließlich in die Jahrhunderte zwischen 2000 und 1400 v. Chr.

Selbstverständlich ist es außerordentlich schwierig, Ritzungen und Reliefs an freistehenden Steinen zu datieren. Datierbares organisches Material pflegt sich nun einmal nicht an ungeschützten Stellen zu halten; im übrigen brauchen durchaus nicht alle Ritzungen an einer Steinfläche gleichen Datums zu sein, sondern man kann im Lauf der Zeit einer ersten Ritzzeichnung viele weitere hinzugefügt haben. Vorstellbar wäre auch, daß Steine mit Symbol- ›Inschriften‹ später als Decksteine sogenannter Steinkistengräber Wiederverwendung fanden. Tatsächlich waren derartige Stätten wohl nicht selten viele Jahre, ja Jahrhunderte ›in Gebrauch‹, und Baulichkeiten wie Gräber erfuhren in dieser Zeit immer wieder Veränderungen.

Einen zuverlässigen Anhaltspunkt für den Zeitansatz liefert die Technik des Ritzens bzw. Reliefierens. Sowohl Muster des *›Schälchen‹ und Ringe*-Typs als auch die ›Inschriften‹ in den Ganggräbern scheinen mit Steinwerkzeugen in die Felsoberfläche getieft worden zu sein. Elizabeth Shee schildert[4], wie man ihrer Ansicht nach dabei in irischen Ganggräbern vorging (obwohl dort bisher noch keine Steinbearbeitungswerkzeuge gefunden wurden): Sie ist davon überzeugt, daß man Feuerstein- oder Quarzspitzen und einen hölzernen Schlegel verwandte. In Italien jedenfalls arbeitete man – so Emmanuel Anati[5] – mit Quarzwerkzeugen. Tatsächlich wurden Werkzeuge dieser Art bei Felsen entdeckt, die Ritzungen aufweisen (siehe unten!).

Wie zu erwarten, stößt man an Stätten mit *›Schälchen‹ und Ringe*-Dekor auf weit weniger Hinweise sorgfältiger Planung und Vorbereitung als in den Ganggräbern. In Newgrange beispielsweise hielten sich die Ganggrabkünstler offenkundig an eine leicht eingeritzte ›Vorzeichnung‹, als sie mit großer Gewissenhaftigkeit die komplexen Muster und Motivkombinationen dieses Ganggrabes ausarbeiteten. Man beließ dort auch die nicht von Mustern bedeckten Steinflächen keineswegs im Rohzustand. Die Künstler ›veredelten‹ sie durch leichtes Behauen, und bedienten sich der Technik des ›falschen Reliefs‹, indem sie die Steinoberfläche rings um ein bestimmtes Muster abtrugen, andererseits fügten sie aber auch Muster in bereits zuvor leicht in den Stein getiefte Flächen ein. Von all diesen Techniken der Ganggrabkunst kann an Fundstätten von *›Schälchen‹ und Ringen* keine Rede sein.

Ein ausgezeichnetes Beispiel einer Häufung von *›Schälchen‹ und Ringen* findet sich in Achnabreck in der Grafschaft Argyll (Schottland). An mehreren Partien freiliegenden Felsgesteins (Abb. 91) in der Nähe eines Bauerngehöftes *(Achnabreck Farm)* findet sich hier die möglicherweise größte Zahl von Steinritzungen an einer einzelnen Fundstätte auf den britischen Inseln. Nach einem kurzen Marsch (er ist allerdings nur dann kurz, wenn man die hellseherische Fähigkeit besitzt, die unklaren Angaben der spärlichen Wegweiser richtig zu deuten) gelangt man bergan hinter dem Bauernhaus und seinen Scheunen zu drei Platten

freiliegenden Felsgesteins. Diese von Nadelwald umgebenen Steinplatten – mit herrlichem Blick über das Kilmartin-Tal – sind mit *›Schälchen‹ und Ringen* wie übersät. Manche Einzelmotive tragen einen Schweif, so daß man sich an Kometen erinnert fühlt.
Überall stößt man im Kilmartin-Tal auf die Hinterlassenschaft des Neolithikums – auf Menhire, auf einen großen Friedhof mit einer Reihe von *cairns* sowie auf zahlreiche Ritzungen an freiliegenden bzw. -stehenden Felspartien wie Nether Largie North, Kilmichael Glassary, Torbhlaran und Poltalloch bei Achnabreck Farm.
In Kilmichael Glassary führt die Straße an einem stimmungsvollen Friedhof vorbei. Gegenüber, an der anderen Straßenseite, schützt ein Gitter ein Stück Naturfels. Hier fallen vor allem schlüssellochförmige Muster auf, die tief in den Schiefergrund gegraben sind (Abb. 96). So stark sie auch heute verwittert sind – auf jeden Fall erkennt man, daß sie sich von den Ritzungen in Achnabreck erheblich unterscheiden. Meist handelt es sich um tiefe ›Schälchen‹, doch keines hat mehr als einen Ring. In Torbhlaran, einige Kilometer weiter straßaufwärts in Richtung Norden, gibt es ›Schälchen‹ an einem Menhir. *›Schälchen‹ und Ringe* bedecken hier auch zwei wie Walrücken gewölbte Partien freiliegenden Felsgrundes.
Eine der außergewöhnlichsten *›Schälchen‹-und-Ringe*-Fundstätten in Argyll, wenn nicht auf den britischen Inseln überhaupt, liegt bei Ormaig am Loch Craignish nicht weit vom Kilmartin-Tal (Abb. 93). »Zuallererst von Miss Marian Campbell im Jahre 1971 entdeckt«[6], besteht sie aus einer glatten, rötlichen Felsplatte, auf der, als man sie von der darüberliegenden Grasnarbe befreite, wundervoll erhaltene Rosetten und ›Schälchen‹-Motive zum Vorschein kamen. Außerdem stieß man auf ein kleines, spitzes Werkzeug aus Feuerstein und ein Schieferscheibchen von etwas über 1 cm Durchmesser. Hatten beide Stücke mit den Felsritzungen zu tun? Möglich, ja sogar wahrscheinlich, daß ein Zusammenhang bestand, doch beweisen läßt es sich wenigstens zur Zeit noch nicht.
Auf dem bergigen Gelände rings um Daniel O'Sullivans Bauernhaus in Derrynablaha (Kerry/Irland) verbergen Gräser und Farnkräuter Felsflächen mit Symbolen, die denen von Achnabreck und Torbhlaran sehr stark ähneln (Abb. 98). Besonders verblüffend ist in diesem Zusammenhang Fels Nr. 10. Er enthält vom Zentrum her ausgetiefte ›Schälchen‹ mit konzentrischen Ringen, ganz wie in Achnabreck.
Weiter südlich in der Grafschaft Kerry – bei Staigue Fort (einer schönen, aus Steinen errichteten Befestigungsanlage, möglicherweise aus der frühen Eisenzeit) – liegt eine Felsplatte mit einfachen, aber außergewöhnlich sorgfältig ausgeführten Mustern (Abb. 97). Die Felspartie bei Staigue Bridge weist in einer Art Traube angeordnete ›Schälchen‹ mit meist nur einem einzigen Ring auf. In die äußersten Randzonen des Felsstückes sind isolierte ›Schälchen‹ mit je nur einem Ring eingetieft, so daß das Ganze – wie schon der Geistliche und Altertumsforscher Charles Graves vermutete – fast den Eindruck einer Landkarte erweckt.
Eine weitere bemerkenswerte Fundstätte im Gebiet von Kerry befindet sich bei Milltown, nicht weit von den als *Gates of Glory* (»Pforten des Ruhmes«) bekannten Steinsetzungen entfernt. Hier liegt in einem Feld ein mächtiger Findling mit ›Schälchen‹-Mustern und mit Zeichen, die an die Schlüssellochmotive von Kilmichael Glassary erinnern. In England trifft man die bedeutendsten Häufungen von *›Schälchen‹-und-Ring*-Mustern in Yorkshire und Northumberland an. Die Steinritzungen auf Ilkley Moore (Abb. 103) bei Ilkley (Yorkshire) weisen einige Motive auf, die von anderen Fundstätten her nicht bekannt sind. Ein gewöhnlich als *swastika stone* (Hakenkreuzstein) bezeichneter Stein trägt ein Muster, das stark an die sogenannte ›keltische Rose‹ in der Val Camonica (Norditalien) erinnert.
Als Val Camonica (der Name geht auf den alten Volksstamm der Camuni zurück) bezeichnet man das insgesamt etwa 80 km lange, vom Óglio durchflossene und von der Straße Bozen-Édólo-Bergamo durchzogene Südalpental zwischen dem Tonalepaß und dem Iseo-See. Emmanuel Anati zufolge gibt es in der Val Camonica rund 130 000 Felszeichnungen und Felsinschriften, anhand derer sich nicht weniger als 8 000 Jahre Felskunstentwicklung verfolgen lassen.

Uns interessieren hier in erster Linie die Zeichnungen bzw. Ritzungen aus dem Neolithikum (Abb. 109), doch wer könnte sich dem Zauber der Wagenprozessionen, der figürlichen Gestalten etruskischen Ursprungs, der ›Teufelsszene‹ und der zahlreichen anderen Ritzzeichnungen entziehen, die teils älter, teils erheblich jünger als die Symbole neolithischen Datums sind? Diese neolithischen Felsritzungen stammen aus den Perioden II und III der Val Camonica-Felskunst (nach der Einteilung Anatis), d. h. aus den Jahren um 4000 bis vielleicht 2800 v. Chr. Damals fügten die vorgeschichtlichen Bewohner der Val Camonica ihrem früheren Repertoire, das Darstellungen von Jägern und Tieren umfaßte, *›Schälchen‹ und Ringe* sowie andere abstrakte Motive hinzu. Die Verwandschaft ihrer nunmehrigen Formensprache mit der neolithischen Kunst des übrigen Europa ist nicht zu übersehen. Die Stelen zum Beispiel, die sich heute im *Centro Camuno* (dem Zentrum zur Erforschung der Val Camonica) in der kleinen Stadt Capo di Ponte befinden, tragen Symbole, wie sie durchaus auch an Ganggräbern Irlands oder der Bretagne vorkommen könnten (Abb. 111). Aus den gewissenhaften Untersuchungen des *Centro Camuno* geht klar hervor, daß sich während der zweiten Hälfte des Neolithikums der Akzent von tier- und menschengestaltigen figürlichen Darstellungen auf schematisch wiedergegebene Figuren, Symbole und abstrakte Motive verlagerte.

Die unter Leitung Anatis durchgeführten Arbeiten des *Centro* erbrachten wertvolle Aufschlüsse über die Technik vorgeschichtlicher Künstler in den italienischen Alpen. Eine der wohl verblüffendsten Entdeckungen ist, daß man mit Steinwerkzeugen nur ganze 3–10 Minuten brauchte, um gewisse *Ritzungen* auszuführen[7]. Es war also möglich, ganz impulsiv, spontan Ritzzeichnungen anzufertigen. So wäre demnach durchaus denkbar, daß ein Steinzeitmensch einfach aus Freude am Schaffen im Fels eine Ritzzeichnung hinterließ, was aber nicht besagt, daß sein Formenrepertoire keinen symbolischen oder gar sakralen Charakter hatte! Ein weiteres wichtiges Ergebnis ist: Die damaligen Künstler verwendeten Farbe, um die Wirkung ihrer Ritzzeichnungen zu verstärken. Tatsächlich fanden Anatis Forscher am Fuß so mancher Felsen mit Ritzzeichnungen Spuren von Naturpigmenten und schlossen daraus, daß man in der Vorzeit »Gelb, Rot, Braun, Grün, Violett, desgleichen viele andere Farben« zu verwenden pflegte[8].

Sehr viel weniger Beachtung schenkt man in der Regel einigen verblüffenden Ritzzeichnungen auf den Kanarischen Inseln. An der Nordspitze von La Palma (im Westen der Inselgruppe) liegt eine Höhle, in deren Nähe senkrecht abstürzende Felswände mit Spiralmotiven und konzentrischen Bogenlinien übersät sind (Abb. 117). Es ist eine Gegend mit üppiger Vegetation – ganz anders als die kargen Landschaften in Irland und der Bretagne. Und doch weisen die Zeichen viel Gemeinsames mit denen der Gräber von Newgrange und insbesondere Gavrinis auf, obwohl in Zarza von irgendeinem Zusammenhang mit Megalithbauten keine Rede sein kann. Die Kunst der Kanarischen Inseln scheint genau die Mitte zwischen Ganggrabkunst und dem *›Schälchen‹-und-Ring*-Stil einzunehmen.

Auch an der Cueva Belmaco (Abb. 124) – einer weiteren Höhle auf derselben Insel – gibt es an einer großen, heute zerbrochenen Felsplatte eine Anzahl steinzeitlicher Symbole. Einst befand sich die Felsplatte wohl in anderer Position. Heute liegt sie, in mehrere, große Bruchstücke zerborsten, unter dem Höhleneingang. Ihre Fragmente weisen ähnliche, wenn auch in etwas ›naturalistischerem‹ Stil ausgeführte Ritzmuster auf, wie man sie auch an der Fuente de la Zarza fand.

An der Südspitze von La Palma liegt, umgeben von den pechschwarzen Lavamassen eines jungen Vulkans, die Roque de Teneguia, eine fahllachsfarbene Felspartie hoch über dem Meer (Abb. 122). Sie weist eine Anzahl von Spiralmustern auf. Viele sind allerdings dermaßen verwittert, daß sie kaum noch zu erkennen sind.

Die einfachen ›Schälchen‹ an Menhiren sowie die Muster auf horizontalen Steinflächen, wie man sie zum Beispiel in Großbritannien antrifft, unterscheiden sich, wie es scheint, erheblich von denen der ›Stelen‹ in der Val Camonica oder sogenannten ›Menhirstatuen‹ anderer Fundstätten Italiens und Frankreichs. Detaillierte langjährige Forschungen von Alexander Thom, einem emeritierten Professor für Ingenieurwissenschaften

ACHNABRECK, GRAFSCHAFT ARGYLL, SCHOTTLAND.

91-92 Frei anstehende Naturfelspartien mit ›Schälchen und Ringe‹-Mustern.

ORMAIG, GRAFSCHAFT ARGYLL, SCHOTTLAND

93 Rosetten sowie ›Schälchen und Ringe‹ an einem Berghang oberhalb Loch Craignish.

94-95 Ormaig: ›Schlüsselloch‹-Muster am zweiten Felsen sowie Teilansicht des Hauptfelsens (vgl. Abb. 93).

an der Universität Oxford ergaben schließlich, daß mathematische Prinzipien, wie sie sowohl Steinreihen (Alignements) als auch anderen Menhir-Setzungen zugrunde liegen, auch bei der Anordnung von *›Schälchen‹ und Ringen* den Ausschlag gaben (vgl. Kapitel 5).

Doch mehr noch:
Die Menhire scheinen irgendwelchen astronomischen Zwecken gedient zu haben. Vielleicht rühren die ›Schälchen‹ von vorgeschichtlichen Himmelsbeobachtungs-Instrumenten her, die man in diese Eintiefungen einsetzte oder die durch ihre

KILMICHAEL GLASSARY, GRAFSCHAFT ARGYLL, SCHOTTLAND.

96 Verwitterte ›Schlüsselloch‹-Muster und ›Schälchen‹, teilweise mit einem Ring.

ständige Plazierung an denselben Punkten diese Eintiefungen überhaupt erst hervorriefen. Wahrscheinlich war die Astronomie für die damaligen Menschen von großer Bedeutung. Vielleicht dürfen wir deshalb von ihr die entscheidenden Aufschlüsse über *›Schälchen‹ und Ringe* erwarten. Die Felszeichnungs-Muster auf den Kanarischen Inseln scheinen der künstlerischen Ganggrabtradition ebenso nahezustehen wie dem *›Schälchen‹ und Ringe*-Stil. Vielleicht bilden sie – wenn auch nicht geographisch, so doch künstlerisch – ein Bindeglied zwischen beiden. Ganz andere Maßstäbe aber gelten für die steinzeitlichen Denkmäler Maltas.

STAIGUE BRIDGE, GRAFSCHAFT KERRY, IRLAND.

97 Eine Reihe von ›Schälchen‹, meist mit einzelnen Ringen, dichtgehäuft an einer frei anstehenden, natürlichen Felspartie in der Nähe einer eisenzeitlichen Befestigungsanlage.

DERRYNABLAHA, GRAFSCHAFT KERRY, IRLAND.

98 Daniel O'Sullivan und einer seiner Hunde in Derrynablaha Farm.

99-100 Fels Nr. 10 aus der Nähe und aus der Ferne.

BAILDON MOOR, GRAFSCHAFT YORKSHIRE, ENGLAND.

101-102 Stein mit ›Schälchen‹, flachliegend gefunden, doch heute bei der Nordmauer des Dobrudden Farm Caravan Park aufgerichtet.

ILKLEY MOOR, GRAFSCHAFT YORKSHIRE, ENGLAND.

103 Der ›Hakenkreuzstein‹ (Swastica Stone). Replik, unten rechts.

104 Der ›Panoramastein‹. Ursprünglich im Moor gefunden, heute gegenüber St. Margaret's Church, Ilkley.

105 Die ›Hängenden Steine‹ von unten.

106-108 Die ›Hängenden Steine‹, Ilkley Moor: Teilansichten und Gesamtansicht.

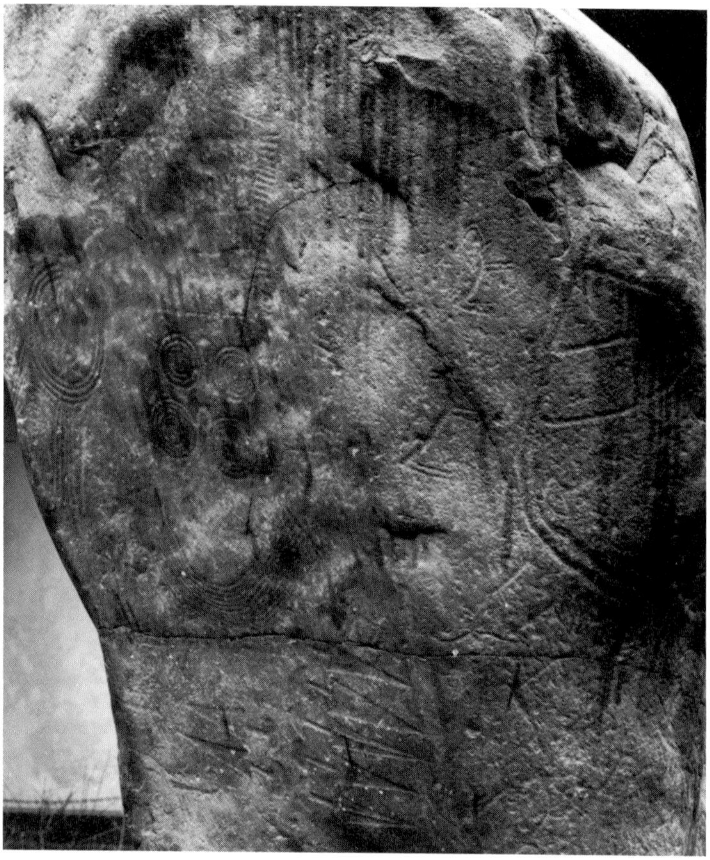

VAL CAMONICA, NÖRDLICHE LOMBARDEI, NORDITALIEN.

109 Geröllstein mit Gravierungen aus Borno. Heute im archäologischen Museum in Mailand. Es handelt sich um die erste ›monumentale Komposition‹, die in der Val Camonica entdeckt wurde.

110 Die ›Karte von Bedolina‹: eine Naturfelstafel mit eingravierten Abbildungen von Bauwerken, Feldern, Wegen und Wasserläufen.

111-113 Val Camonica: Stelen mit Gravierungen, heute im Centro Camuno zu Capo di Ponte. Nach ihren Herkunftsorten im Gebiet der Val Camonica bezeichnet man die Objekte als Bagnolo I, Bagnolo II und Ossimo I.

114-116 Val Camonica: mit Gravierungen verzierte Felsoberflächen in Luine.

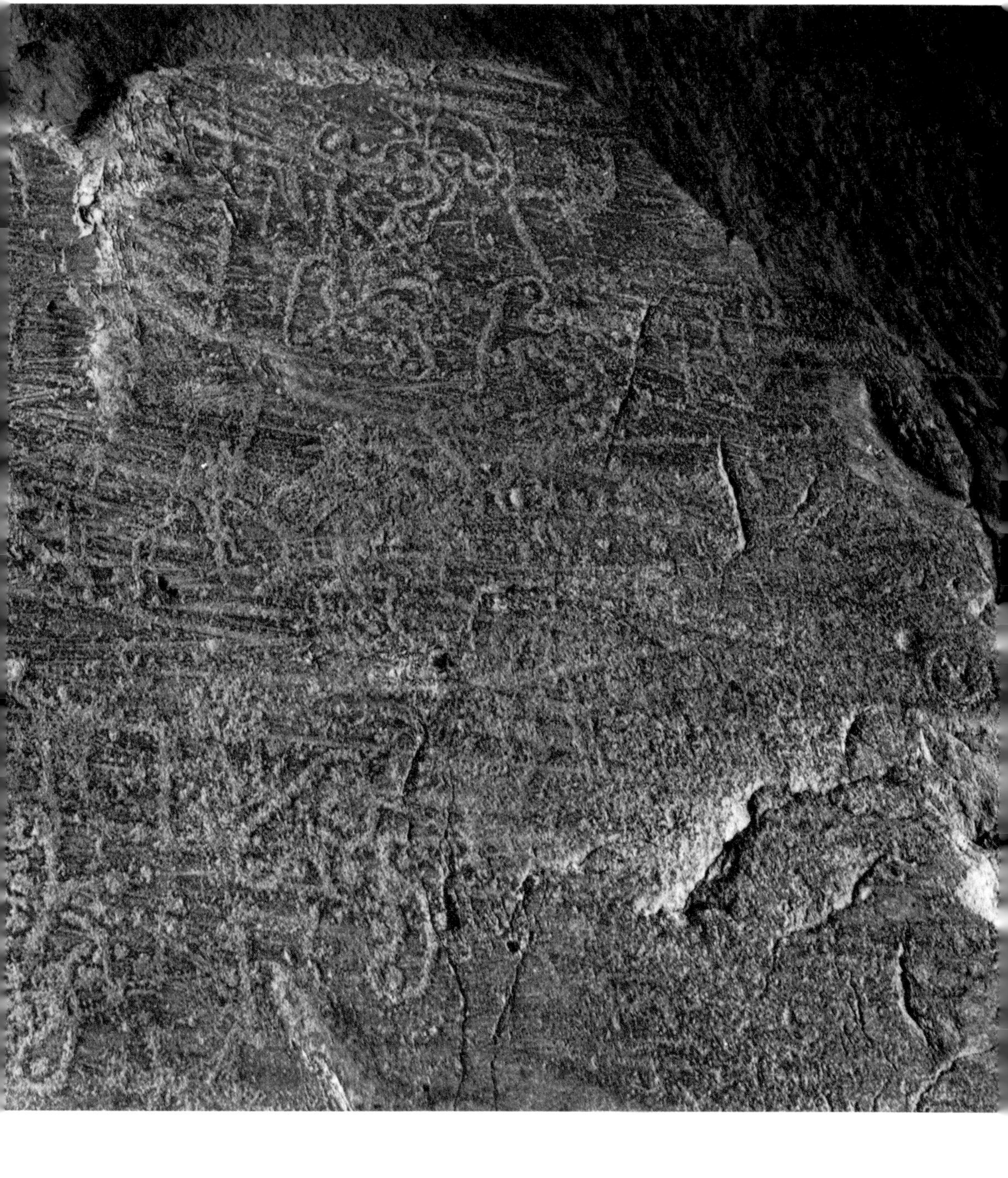

FUENTE DE LA ZARZA, LA PALMA, KANARISCHE INSELN.

117-119 Felswand mit konzentrischen Bogenlinien und Ringen. Vgl. Abb. 63-67.

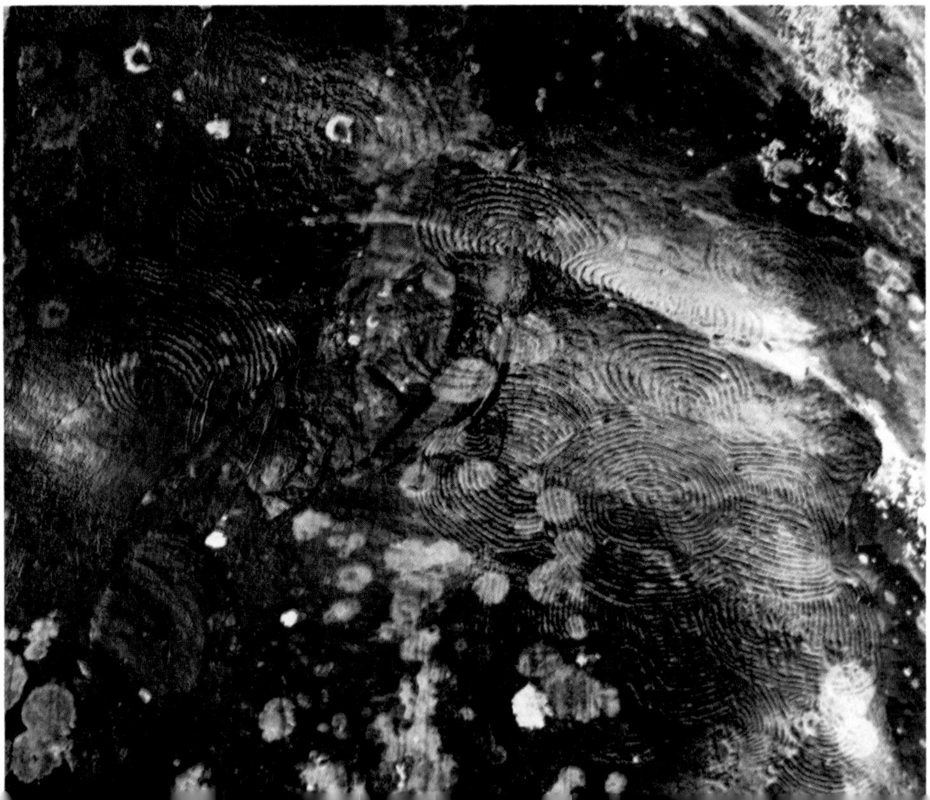

120-121 Fuente de la Zarza: Felswände mit Gravierungen.

ROQUE DE TENEGUIA, LA PALMA, KANARISCHE INSELN.

122-123 Blick auf den Felsen an der Südspitze der Insel La Palma: verwittertes Spiralmuster an einem freiliegenden Stück des Felsgesteins.

CUEVA BELMACO, LA PALMA, KANARISCHE INSELN.

124 In einen Felsen eingraviertes Muster.

4 Malta

Etwa 80 km südlich von Sizilien liegen Malta und Gozo im Mittelmeer – »kahle, kleine Inseln«, wie Vere Gordon Childe, der hervorragende Kenner der Vorgeschichte, sie nannte[1]. In der Tat: Wälder gibt es dort nicht – nur Steine, aber was für Steine! Schon mehr als 3000 Jahre v. Chr. beutete man die riesigen Kalksteinvorkommen dieser Inseln aus, um die älteste Monumentalarchitektur der Menschheitsgeschichte zu schaffen! Bereits im Neolithikum[2] entstanden hier eine Reihe megalithischer Bauten sowie ein »Bauwerk im Megalithstil« – insgesamt Anlagen, deren Architektur einmalig ist. Obwohl die meisten zerstört sind und in Trümmern liegen, zählen sie auch heute noch zu den ergreifendsten Baudenkmälern vergangener Zeit. Die riesigen Steine, aus denen man sie errichtete, umgeben in der Regel Räume von rundem bzw. gerundetem Grundriß. Im wesentlichen besteht ein solches Bauwerk aus paarweise angeordneten ovalen (bzw. apsidalen) Kammern seitwärts eines Mittelganges oder aus einer einfachen ›Dreipaß‹-Anordnung.

Der skulpturale (gelegentlich auch gemalte) Innenraumschmuck ist von einer Feinheit und Eleganz, die in der übrigen Megalithkunst nicht ihresgleichen hat. Zwar verwandten die Baumeister für die Außenwände (und insbesondere für deren Sockel) recht harten Korallenkalkstein, die Blöcke für das Innere der Räume schnitt man jedoch aus dem weichen, sehr viel leichter zu bearbeitenden Globigerinen-Kalkstein des maltesischen Archipels.

Vor allem bevorzugten maltesische Megalith-Künstler kurvilineare Motive (insbesondere Kreise und Spiralen), gelegentlich kommen aber auch andere abstrakte geometrische Muster oder naturalistisch behandelte Themen (wie Fische, Stiere und andere Tiere) vor. Die kurvilinearen Muster dominieren jedoch und sind wegen der Art, wie sie die architektonische Wirkung der ›Tempel‹ unterstreichen, am interessantesten.

Aber Tempel? Zwar drängt sich dieses Wort rasch auf, wenn man durch die Überreste dieser mächtigen Megalithbauten schreitet, doch sollten wir uns von der Vorstellung freimachen, daß diese ›Tempel‹ ihrer Funktion nach mit unseren Kirchen und Kathedralen vergleichbar gewesen wären. Kultstätten waren es allerdings, und man kann sich vorstellen, daß hier Riten jeder nur denkbaren Art vollzogen wurden: Geburts- und Todesrituale, Zeremonien, die mit dem Lauf der Sonne und des Mondes zu tun hatten, kultische Erntefeste und Opferfeiern.

Der Plan der einzelnen Gebäudekomplexe – beispielsweise der *Mnajdra* (eine der schlichtesten und doch eindrucksvollsten Ruinen an der Südwestküste Maltas) – läßt etwas davon ahnen. Die *Mnajdra* besteht aus drei Tempeln, die zu verschiedenen Zeiten und auf verschiedenen Bodenniveaus an einer Seite des fast runden Vorhofes errichtet worden waren. Nur eine Terrasse trennt diesen Hof an der anderen Seite vom steil und tief zum Meer abstürzenden Küstenhang. Dieser Vorhof bildete wohl einen idealen Versammlungsplatz für eine größere Zahl von Menschen – sei es, daß man hier rituelle Tänze veranstaltete oder gemeinsam irgendwelche anderen Zeremonien beging.

Abgesehen von der plumpen Darstellung eines megalithischen Bauwerkes an einem der Orthostaten des oberen ›Tempels‹, besteht der einzige Schmuck in der *Mnajdra* aus sogenanntem ›Wabenmuster‹: Die Oberfläche vieler Blöcke ist mit Löchern übersät, die man in gleichmäßigen Abständen in den Stein gebohrt hat (Abb. 2). Manche in dieser Art mit ›Grübchen‹ verzierte Blöcke bilden Nischen oder Gebilde, die man als ›Altäre‹ zu bezeichnen pflegt (Abb. 127, 128, 5). Obwohl die Bohrungen sicherlich keinen Symbolcharakter haben und möglicherweise nicht einmal als Ornament gedacht waren, haben sie eine unbestreitbar dekorative Wirkung.

Nicht weit von der *Mnajdra* erhebt sich ein weiteres eindrucksvolles Bauwerk: *Haġar Qim* (Abb. 10). Hier umgibt eine einzige Mauerumfriedung alle drei Rundbauten. Ihre enormen Orthostaten bilden eine respekteinflößende, imponierende Fassade (Abb. 131), durch die man Räume weit weniger kolossalen Ausmaßes betritt. Nur wenige Zeugnisse megalithischer Kunst sind aus *Haġar Qim* erhalten. Manches Material ging wohl erst bei jenem Zerstörungswerk zugrunde, das man früher als ›Ausgrabung‹ verstand. Bei einem der wenigen Funde, die hier glückten, handelt es sich um eine mit spiralförmigem ›Augenornament‹ dekorierte Türlochplatte (Abb. 144). Platten dieser Art finden sich auch anderswo (Abb. 142, 143). Sie bilden kniehohe Barrieren vor den Eingängen.
Ein weiterer Fund ist ein Miniaturpfeiler - ein einzigartiges Stück, zu dem es unter den übrigen Resten der maltesischen Megalithkultur nichts Gleichartiges gibt (Abb. 129, 130). Ihn schmückt an allen vier Seiten ein naturalistisches Pflanzenmuster, das keinem damals üblichen Motiv entspricht. Die Pflanzen wachsen aus einem eindrucksvoll mit Bohrlöchern versehenen ›Kübel‹ empor, zu dem sich in *Hal Tarxien* bei La Valletta ein Gegenstück fand. Im übrigen ist auch dieser Pfeiler über und über mit bienenwabenartigen Bohrungen bedeckt, außerdem hat er die Form von vier *Trilithen* (unter *Trilithen* versteht man portalähnliche megalithische Steinsetzungen aus zwei vertikalen Orthostaten mit einer horizontalen Deckplatte als Türsturz).
Die Nachahmung der *Trilithen*-Bauweise erreichte ihren Höhepunkt in der im ›Megalith-Stil‹ geschaffenen Anlage von *Hal Saflieni* - einer mehrstöckigen ›Katakombe‹ bzw. einem *Hypogaeum* (latinisiert aus griechisch *Hypogaion* = ›unterirdischer Raum‹) unter heute überbautem Gebiet auf Malta. Arbeiter, die 1902 für das Fundament eines Neubaus den Boden aushoben, stießen hier auf eine Reihe außerordentlich schön ausgestalteter und hervorragend erhaltener unterirdischer Räume. Die Auftraggeber allerdings waren von dieser Entdeckung keineswegs begeistert. Ihnen ging es lediglich um ihre Termine, deren Einhaltung sie durch wissenschaftliche Untersuchungen gefährdet sahen. So setzten sie die Arbeiter

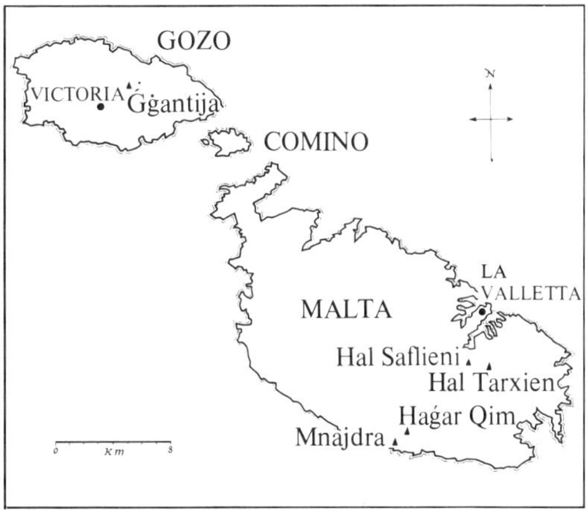

125 Karte der Inseln Malta und Gozo mit den im Text erwähnten archäologischen Stätten.

unter Druck, damit diese ihre Entdeckung geheimhielten und die Bauarbeiten fortsetzten. Dadurch wurde dem Erbe der steinzeitlichen Vergangenheit Maltas weiterer Schaden zugefügt.
Die unterirdische Anlage von *Hal Saflieni* besteht aus einer Reihe von Kammern, die einst in unterschiedlicher Tiefe aus dem gewachsenen Naturfelsen herausgearbeitet wurden. Noch immer deutlich erkennbar, befinden sich hier an Wänden und Decken die einzigen erhaltenen, bzw. der Wissenschaft bekannten Malereien aus dem Neolithikum: dekorative, gewundene Rankenmuster und Scheiben, die an Reliefs auf megalithischen Bauten Maltas erinnern.
Doch trotz formaler Übereinstimmung zwischen den Malereien im *Hypogaion* und den Steinreliefs anderer Anlagen ist die Wirkung gänzlich verschieden. An der Decke eines als ›Orakelkammer‹ bezeichneten Raumes erblickt man in rotem Ocker ausgeführte Spiralen, die den Eindruck eines Pflanzenmusters (bzw. eines ›Lebensbaum‹-Motivs) erwecken (Abb. 132). In weiteren Räumen lockern bisweilen mit Scheiben kombinierte Sechsecke und Halbspiralen Wände und Decken in reizvollster Weise auf. Zwar fehlen diesen Malereien Perfektion und Präzision der Kalksteinreliefs, aber auch sie haben in ihrer Naivität und ihrem ganz unerwarteten Reiz etwas durchaus Ansprechendes.

Doch das *Hypogaion* von *Hal Saflieni* hat noch mehr zu bieten. So gibt es beispielsweise jenen als ›Allerheiligstes‹ bezeichneten Raum, der eine vollständig aus dem gewachsenen Naturfels gehauene Fassade im ›Megalithstil‹ mit Schwelle und ›Orthostaten‹ enthält (Abb. 134). Außerdem versah man den Raum mit einem – gleichfalls aus dem Fels gearbeiteten – ›Kraggewölbe‹; insgesamt in der hervorragenden Ausführung und Ausgewogenheit der Proportionen ein Meisterwerk! Die Wände tragen einen Ockerbewurf, und im Boden befindet sich eine V-förmige Eintiefung mit steinernem Verschlußpfropfen, vielleicht einst zur Aufnahme irgendwelcher Trankopfer bestimmt.
Bei der Ausgrabung der angrenzenden Räume kamen Menschenknochen, Schmuckstücke und Opfergaben zum Vorschein. Dr. Themistocles Zammit, der sich um die Erforschung dieser Stätte besonders verdient machte, schätzt, daß zwischen 6000 und 7000 Tote dort bestattet worden sein müssen[3]. Weiterhin erblickt man im Nationalmuseum zu La Valletta außer den wichtigsten mit Reliefs dekorierten Steinen anderer Fundstätten eine großartige ›schlummernde Priesterin‹ in Miniaturausführung aus der *Hypogaion*-Hauptkammer. Zwar kamen dort auch andere Kleinbildwerke zum Vorschein (darunter eine weitere ›schlummernde Priesterin‹), doch keines ist so eindrucksvoll wie gerade dieses Figürchen auf seiner schlichten Liege. Bei aller Winzigkeit (die Länge des Bildwerkes beträgt nur 12,2 cm) dennoch irgendwie monumental wirkend, ruht die Schlummernde, als ob sie träumte – eine Göttin bei einem prophetischen Traum (Abb. 126). Tatsächlich vermuten viele, daß mit der Anlage von *Hal Saflieni* ein ›Traumorakel‹ verbunden war.
Auf der Nachbarinsel Gozo fand sich bisher noch kein *Hypogaion*, obwohl es – alter Legende zufolge – auch hier ein solches gegeben haben soll, angeblich unter dem bedeutendsten megalithischen Monument der Insel, der *Ġgantija* (*Gigantija,* dem ›Riesenturm‹). Bei Ausgrabungen gelang es allerdings nicht, an der angegebenen Stelle unterirdische Gänge nachzuweisen, dafür fand man Steinblöcke mit großen, verwitterten Spiralen. Andere Blöcke weisen Bohrungen und/oder Ritzungen bzw. Reliefs auf; an einigen fanden sich noch Reste von Putz. Im Nationalmuseum steht ein Block mit in Relief ausgeführtem Spiralmuster auf rotbemaltem Grund.
Die schönsten und flächenmäßig größten Reliefs aber trifft man auf der Hauptinsel Malta an – in dem ausgedehnten Tempelkomplex von *Hal Tarxien*, ganz nahe bei dem *Hypogaion* von *Hal Saflieni.* Vier zu verschiedenen Zeiten errichtete Tempel sind hier recht unterschiedlich gut erhalten, und es fehlt nicht an Anhaltspunkten dafür, daß das bebaute Areal einst größer war als die heutige Trümmerstätte.
Man betritt den Tempelkomplex durch den Vorhof des Südtempels (Abb. 137). Er ist gepflastert und geschmackvoll dekoriert. Vor allem fällt der Blick auf Fragmente (Rock und Fußpartie; Replik des im Nationalmuseum befindlichen Originals) einer Göttin, die der ›schlummernden Priesterin‹ im Nationalmuseum außerordentlich ähnlich gewesen sein muß, nur daß es hier nicht um die Größenordnung von Zentimetern, sondern um Meter geht. Neben der massigen Göttin erblickt man eine Reihe von Blöcken mit in Relief ausgeführtem Spiralmuster und einen reizvollen Altar, den ebenfalls durchlaufende Spiralen zieren. Im Altarstein bemerkt man eine Nische mit steinernem Verschluß. In ihr fanden die Ausgräber eine Messerklinge aus Feuerstein sowie ein Ziegenhorn. Eine weitere, tabernakelartige Nische über dem Altar-›Tisch‹ enthielt eine Anzahl von Ziegenknochen; darum vermutet man, daß hier einst Opfer dargebracht wurden.
Im angrenzenden Mitteltempel liegt ein zentraler Gang, von dem drei Paar Apsiden bzw. apsisähnliche Seitenkammern (teilweise mit Reliefdekoration) abzweigen (Abb. 135). Am meisten fällt hier die mit Augenornamenten geschmückte Schwelle an der Pforte zur inneren Kammer auf. Zwei außergewöhnliche Platten schirmten im Innern die sich gegenüberliegenden Apsiden voneinander ab. Die Originalplatten befinden sich heute im Hause des Kustoden – sie stellen wohl die vollendetsten Zeugnisse maltesischer Megalithkunst dar (Abb. 136). Ihr ebenso kräftiges wie klares Relief ist von starker ornamentaler Wirkung – einfach und doch vollkommen in seiner Art. Jede Platte weist rings um eine zentrale

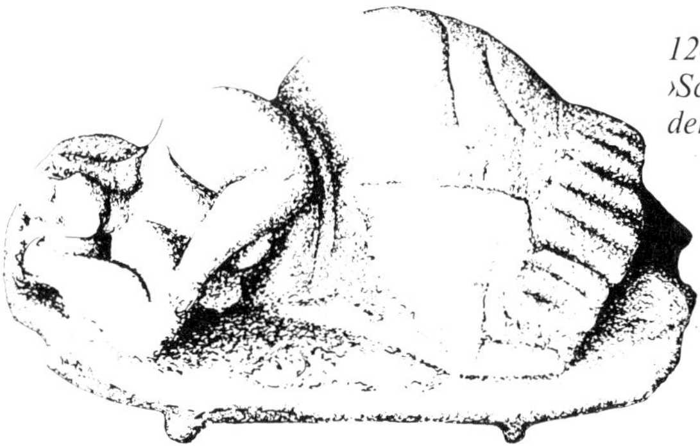

126 Figürchen der ›Schlummernden Göttin‹ aus dem Hypogaion von Hal Saflieni.

Scheibe vier Spiralen auf; doch sind beide Tafeln nicht deckungsgleich, denn die Spiralen der einen drehen sich nach innen, die der anderen nach außen. Und zwar drehen sich die Spiralen am Eingang der West- ›Apsis‹ aufeinander zu, während die am Eingang zur Ost- ›Apsis‹ sich voneinander (und vom Zentrum) fort ›bewegen‹. Warum?
Wie immer die Antwort auf diese Frage lauten mag – jedenfalls spürt man vor allem hier in *Hal Tarxien* jenen Sinn für Formen und Ornamente, der in Maltas Megalithkunst so einzigartig zum Ausdruck kommt. Vielleicht lag es einfach an der Weichheit des Kalksteins, der sich so leicht bearbeiten ließ, daß die Ausführung der Motive und Symbole hier zu einer solchen Präzision und Ausdruckskraft gesteigert werden konnte, wie sie neolithischer Kunst sonst nirgendwo eigen ist. Hinzu kommt, daß wir es hier mit einem hochentwickelten System von Ornamenten zu tun haben, dessen Schöpfer mit größter Sorgfalt nicht nur auf die Beziehungen zwischen einzelnen, immer wiederkehrenden Mustern achteten, sondern darüber hinaus noch die formalen Beziehungen des Dekors zur Gestalt des Blockes im Auge behielten.
So charakterisiert diesen Stil nicht nur große Gewandtheit bei der Plazierung und Ausführung der Motive, sondern vor allem das Vermögen, ein kraftvolles, harmonisches architektonisches Ganzes zu schaffen. Ebenso raffiniert und ›werkstoffgerecht‹ wie die Formen sind die Techniken zur Errichtung der mächtigen Steinbauten, deren Ausschmückung so viel Empfinden für das Zusammenwirken von Raum und Dekor beweist. Lediglich im *Hypogaion* von *Hal Saflieni* ist eine deutliche Trennung zwischen (in diesem Fall strukturaler) Steinmetzarbeit und (gemalter) Dekoration wahrnehmbar.
Auf den Inseln des maltesischen Archipels bietet sich Gelegenheit, eine hochentwickelte, unmittelbar ansprechende Ornamentalkunst kennenzulernen. Wie in der Ganggrabkunst, ist auch hier das kurvilineare Element am häufigsten vertreten. Obwohl daneben zahlreiche naturalistische, ›gegenständliche‹ Motive wie Pflanzen- und Tierformen vorkommen, fehlt das sonst so verbreitete Axtmotiv auf Malta völlig.
Alles in allem besteht kein Zweifel, daß die für Malta typische Verbindung von Architektur und ornamentaler Symbolik es vollauf verdient, als außerordentliche Leistung in die Kunst- und Baugeschichte einzugehen. Wenn auch die Chronologie in ständigem Fluß zu sein scheint, so läßt sich doch feststellen: Diese Bauwerke waren in etwa zeitgleich, wenn nicht sogar ein wenig älter als die Megalithbauten Irlands und Großbritanniens, allerdings jünger als manche mit Ritzungen versehene Steinsetzungen in der Bretagne: sie gehören, grob gesprochen, ins frühe 3. Jahrtausend vor dem Beginn unserer Zeitrechnung.
Das Verblüffende am Neolithikum ist, daß in so weit auseinanderliegenden Gebieten wie Malta, Frankreich, Großbritannien, Italien und auf der Iberischen Halbinsel, aber auch in Skandinavien und anderswo ein abstrakter Symbolismus auftaucht und weitgehend die naturalistische, gegenständliche spät-altsteinzeitliche Höhlenkunst bzw. die mittelsteinzeitliche Felskunst ablöst. Mit anderen Worten: Als der prähistorische Mensch seßhaft zu werden begann, als er anfing, Landwirtschaft zu treiben, ja schließlich Häuser und Tempel zu bauen, entwickelte er zugleich eine

MNAJDRA, MALTA.

127 Zwei Platten und ein massiver ›Türsturz‹ bilden ein Tor des ›Trilithon‹-Typs.

128 Mnajdra: Teilansicht von 127 (Bohrloch- bzw. ›Waben‹-Dekor von dem Stein an der linken Seite der Tür.

symbolische Bilder-›Sprache‹. Diese Bilder-›Sprache‹ und ihre ›Schrift‹ hatten nichts mit späteren Alphabeten zu tun. Vielmehr handelte es sich um eine reine Symbolsprache bzw. Symbol-›Schrift‹, deren einzelne Zeichen von Kultur zu Kultur wohl ähnliche, wenn nicht sogar gleiche Bedeutung hatten. Was sich daraus an Folgerungen ergibt, erörtern wir in Kapitel 6.

Auf Malta kommt Dekoration, die gar nicht dafür bestimmt war, gesehen zu werden, anscheinend nur in Form von ›Bienenwaben‹-Bohrlöchern an der Rückseite mancher Steinblöcke vor. Das kann aber durchaus damit zusammenhängen, daß die betreffenden Steinblöcke einfach ein zweites Mal verwendet wurden und dabei eine andere Position zugewiesen bekamen. Anderswo

des *›Schälchen‹ und Ringe*-Motivs in unsere Betrachtung eingeschlossen – doch was nun? Jetzt stehen wir vor der Frage, warum man derartige Symbole in Stein grub, welche Bedeutung sie für den vorgeschichtlichen Menschen hatten. Doch bevor wir eine eigene Antwort zu geben versuchen, sollten wir hören, was uns Experten zu sagen haben.

HAĞAR QIM, MALTA.

129-130 ›Pfeiler‹ bzw. ›Altar‹ und Teilansicht mit in der Megalithkunst Maltas einzigartigem Pflanzenmotiv.

131 Monumental-›Portal‹ mit Platten aus verwittertem Globigerinen-Kalkstein.

allerdings sind symbolische Ritzungen bzw. Reliefs an keineswegs offenliegenden Steinflächen absolut keine Seltenheit. Beispielsweise gibt es an verdeckten Rückseiten von Umfassungssteinen und Orthostaten irischer Ganggräber wie auch innen an den Decken von Steinkistengräbern Großbritanniens und Deutschlands Zeichen, die allenfalls Geister sehen konnten. Gewiß – dies alles mag damit zusammenhängen, daß man die betreffenden Steinblöcke mit Dekor versah, bevor man sie zum Gesamtmonument zusammenfügte, oder daß man bereits mit Ritzungen oder Reliefs geschmückte Stücke später an anderer Stelle und in anderer Funktion wieder verwendete. Auf jeden Fall aber handelt es sich um eine weitere Übereinstimmung zwischen Kulturen, deren Verbreitungsgebiete weit auseinanderlagen. Wir haben damit nicht nur alle bedeutenderen Megalith-Fundstätten Europas durchmustert, sondern auch Konzentrationen

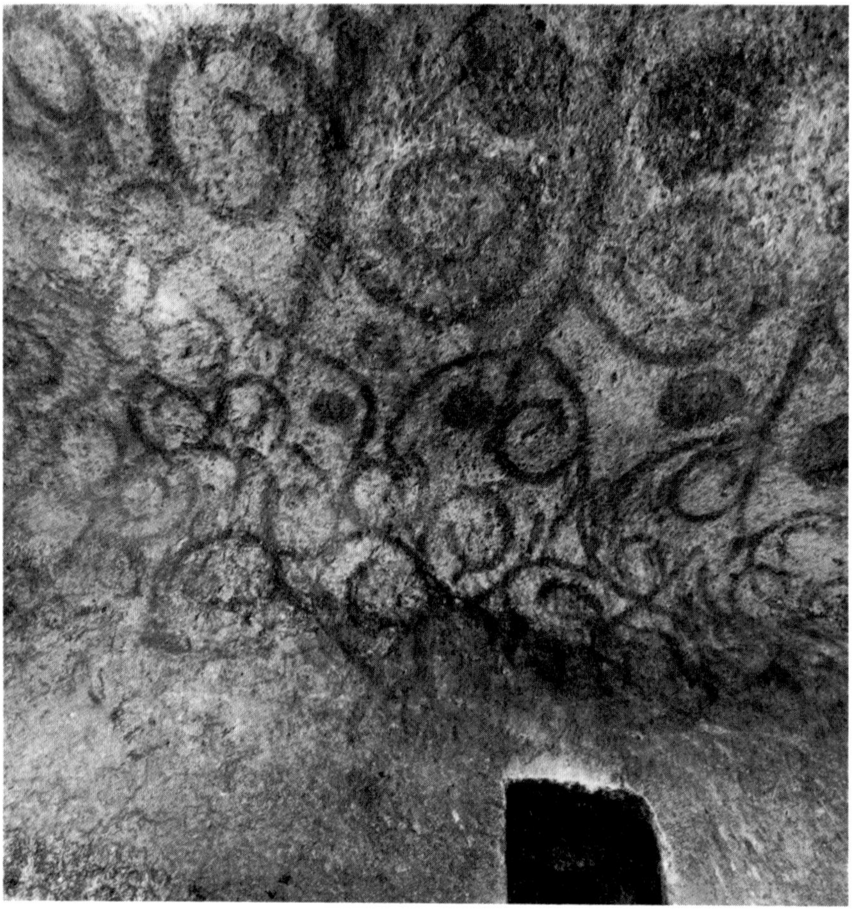

HYPOGAION, HAL SAFLIENI, MALTA.

132 Decke der ›Orakelkammer‹ mit in rotem Ocker ausgeführtem Rankenmuster.

133 Sechseckige Muster an der Mauer des Raumes neben der ›Orakelkammer‹.

134 Eine der Haupthallen des unterirdischen ›Tempels‹ mit aus Naturkalkfels gehauener ›megalithischer‹ Fassade.

HAL TARXIEN, MALTA.

135 Blick nach Südosten über die zweite ›Kammer‹ des Mitteltempels. Man beachte die reliefierte Schranke (eine Replik der auf Tafel 136 abgebildeten Steinplatte) im Mittelgrund.

136 Reliefierte Steinplatte aus dem Mitteltempel (heute im Hause des Kustoden).

137 Hal Tarxien: West-›Apsis‹ des Südtempels nach einem Gewitterregen.

138 Hal Tarxien: Ost- ›Apsis‹ des Südtempels, beherrscht von der Rock- und Fußpartie der kolossalen Göttinnen-Statue, deren Oberteil Bauern zerstörten, bevor die Ausgrabungen begannen. Vgl. Abb. 139.

139 Hal Tarxien: andere Ansicht der Muttergöttin im Südtempel (vgl. Abb. 138).

140 Hal Tarxien: Spiralen in der West-›Apsis‹ des Südtempels.

141 Hal Tarxien: rekonstruierter Altar in der Ost-›Apsis‹ des Südtempels.

142-144 Steinerne Absperrplatten aus (von oben nach unten:) Bugibba, Hal Tarxien und Haǵar Qim.

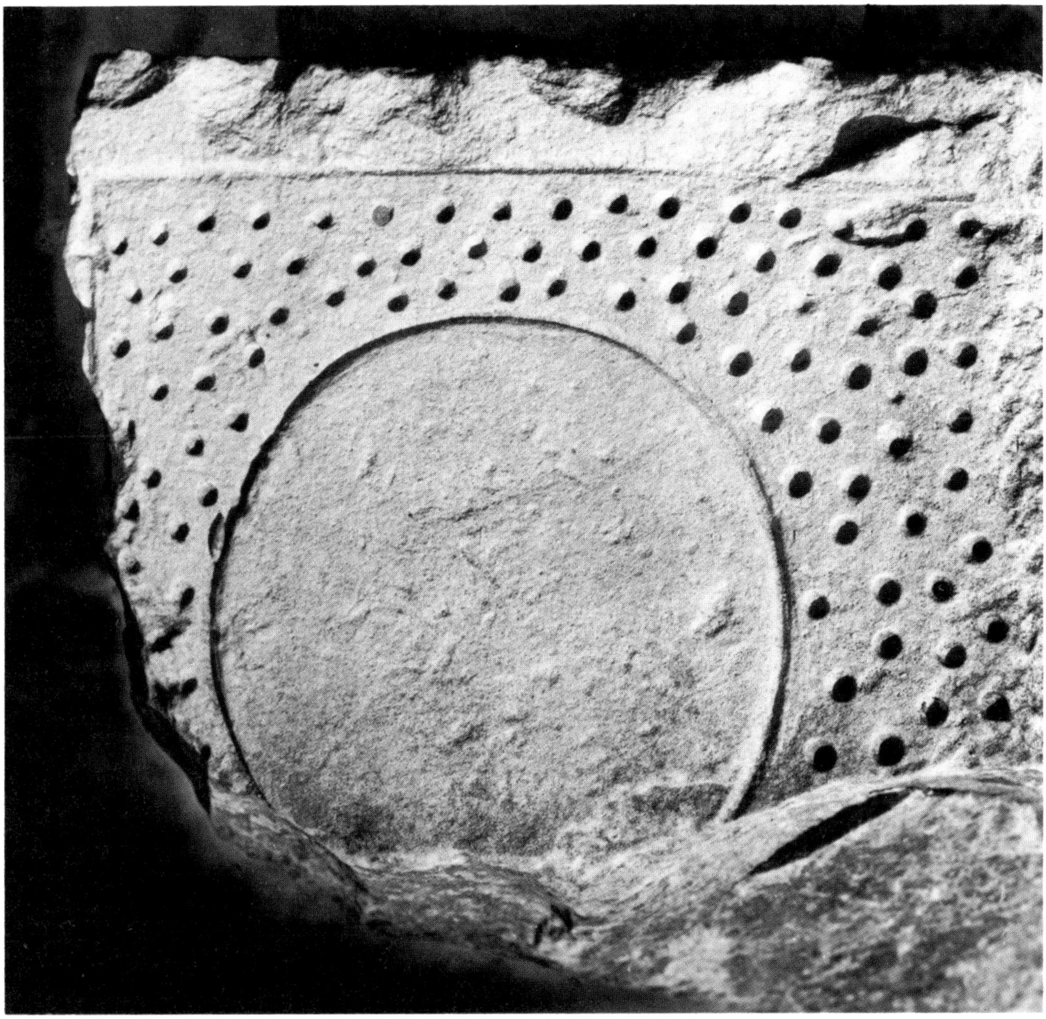

145-147 Hal Tarxien: Spiralen. Reliefs an Kalksteinblöcken.

5 Antiquare, Archäologen und Astromystiker

Vor dem 19. Jahrhundert kannte man keine Archäologen, sondern nur ›Antiquare‹ – in der Regel Menschen mit weitgespannten Interessen und beachtlicher Bildung. Manche waren Kustoden damals bereits bestehender Museen, andere Ärzte, Geistliche, Juristen oder schlicht Aristokraten, die es nicht nötig hatten, einen Beruf auszuüben, um ihren Lebensunterhalt zu erwerben. Sie unternahmen weite Reisen, stöberten in Ruinen herum und suchten nach interessanten ›Antiquitäten‹. Ein solcher ›Antiquar‹ aus Wales, Edward Lhwyd, war es, der 1699 erstmals den Grabhügel von Newgrange beschrieb. Erst kurz zuvor hatten Arbeiter beim Abtragen von Steinen für »den Patron des Dorfes (einen gewissen Mr. Campbell)« den Tumulus entdeckt. Lhwyd hielt die Stätte für »irgendeinen altirischen Opfer- oder Begräbnisplatz« und berichtete, die Steine seien »grob geschnitten [und hätten] solch barbarisch Bildwerk (nämlich eine Spirale wie eine Schlange, aber ohne Unterschied zwischen Kopf und Schwanz)«[1], daß daraus wohl zu entnehmen sei, es handle sich um ein »barbarisch Monument« – ein vorrömisches Bauwerk also.

Eine der ersten ›offiziellen‹ Erwähnungen der »barbarischen« Zeichen an diesem Bauwerk findet sich in der 1789 erschienenen Gough-Ausgabe von Camdens *Britannia.* Eine Tafel gegenüber Seite 603 zeigt dort einen Stein mit *›Schälchen‹ und Ringen.* Der Begleittext bezeichnet ihn als »Druidenaltar, gefunden 1773 auf dem Grundstück neben dem Land des hochwürdigen Herrn Hart zu Lynsfort oder Inis Oen. Größte Länge: 28 Fuß (= 8,54 m), Breite 25 Fuß (7,63 m). Er ist voll von Felsbecken... [und eine Ecke] bildet einen Block, auf dem man die zum Opfer ausersehenen Menschen tötete«[2]. Die nächste Ausgabe (sie erschien 1806) enthält eine langatmige Schilderung der »berühmten Anhöhe oder Pyramide aus Geröll oder Wackersteinen« in Newgrange, darunter folgende Ausführungen über die dort gefundenen ›Inschriften‹: »An dem flachen Stein, der die Nordseite der linken Nische bildet, entdeckte Gouverneur Pownall . . . Zeichen, die er als Buchstaben betrachtete ... Da sie sich auf kein bekanntes Alphabet zurückführen lassen, sondern dem phönikischen am nächsten stehen, vermutete er, der Stein enthielte irgendein altes Denkmal dieses Volkes an der hiesigen Küste. Colonel Vallancey [ein anderer Antiquar] verglich sie mit der druidischen Ogam-Schrift und las Aongtus heraus, einen häufig anzutreffenden altirischen Königsnamen und hier Name des Erzdruiden, doch der Gouverneur vermag eine solche Lesung nicht aus der Ogam-Schrift abzuleiten. An einigen Seiten- und Rückwandsteinen der Nebengelasse fand er eingeschnittene Spirallinien, während andere Linien an der Vorderseite eines der Decksteine dieser Gelasse eine Art Rauten-Gitterwerk bildeten, wie man es nicht selten an dänischen Monumenten und Kreuzen findet. Der Gouverneur neigt zu der Auffassung, daß dieser Hügel ein Grabmal sei, wobei der Hohlraum am Ende des Ganges die Grabkammer bilde und die drei Gelasse oder Tabernakel die letzten Ruhestätten dreier Personen unterschiedlichen Ranges seien, deren Asche man gesammelt und in den Steinbecken beigesetzt habe. Dr. Molyneux [ein weiterer Antiquar] erklärt, man habe zwei unverbrannte, vollständige Skelette auf dem Boden der Höhle gefunden, als man diese erstmals öffnete. Colonel Vallancey zufolge gab es dort allerdings nur ein einziges. Es habe auf dem großen Stein in der Mitte gelegen, in den Nischen dagegen seien keine weiteren Gebeine, sondern nur schwarze Asche zum Vorschein gekommen. Er hält es für ein Grab, das sich ein Druide, der darin Opfer darbrachte, bereits zu Lebzeiten errichten ließ, und nannte es infolgedessen *Antrum Mithrae.* Der Gouverneur indessen bleibt dabei, daß es sich um ein dänisches Baudenkmal handle, das nach und nach entstan-

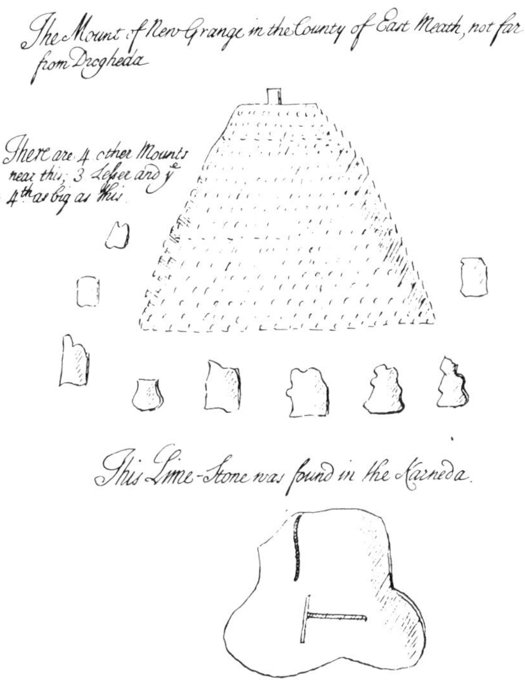

148 Eine Zeichnung des Grabes von Newgrange, wohl von E. Lhwyd, der es 1699 besichtigte.

den sei, so wie die Personen starben, die man in ihm bestattete, und daß man die Inschriften von anderswoher dorthin gebracht habe.«[3]

Die erste Auflage von William Wakemans ›Handbuch irischer Altertümer‹ *(Handbook of Irish Antiquities,* 1848) enthält Beschreibungen und Bilder »einer großen Vielfalt von Ritzungen, die, wie manche vermuten, Symbolcharakter haben«. Über die in Camdens *Britannia* (s. oben) abgebildete ›Inschrift‹ heißt es hier: »Eine Gravierung auf einem Stein, der den Nordwinkel der Westnische bildet, wird als Inschrift betrachtet. Doch selbst wenn sie einen zufriedenstellenden Sinn ergäbe, bliebe ihre Echtheit zweifelhaft, da der Verdacht geäußert wurde, einer der zahllosen unehrlichen irischen Antiquare des letzten Jahrhunderts habe sie gefälscht.«[4]

Weiterhin stellt Wakeman Betrachtungen über die Ähnlichkeit eines Blattmusters an demselben Stein mit einem Muster gleicher Art an einem Grab in der Bretagne an und vermerkt, einige der ›Inschriften‹, die so plaziert sind, daß man heute nicht mehr an sie herankommt, müßten folglich angebracht worden sein, bevor man den Steinen ihre jetzige Position gab.

Zu den ersten, die um 1851 das *›Schälchen‹ und Ringe*-Motiv untersuchten, gehörten die Geistlichen Charles Graves (in Irland) und William Greenwell (Northumberland). Da das betreffende Motiv in beiden Gebieten nahe bei eisenzeitlichen Festungen auftaucht, lag die Vermutung nicht fern, man habe es mit einfachen Landkarten zu tun, wobei die Ringe Festungen in der nächsten Umgebung angäben. Was dagegen die ›Schälchen‹ angeht, so deutete Greenwell sie als Zeichen für die Lage von Begräbnisstätten. Evan Hadingham zählt eine Reihe von Deutungen auf, die sich der ›Landkartenhypothese‹ anschlossen: mit Aufzeichnungen echter oder vermeintlicher Himmelsphänomene habe man es zu tun, so wurde behauptet, mit Sternkarten oder Markierungen, die Bodenschatz-Suchern der Frühzeit als Hinweise auf Erzvorkommen dienten[5]. Doch schon 1865 verwarf George Tate alle Spekulationen und vertrat statt dessen die Auffassung, die Ritzungen hätten religiös-symbolischen Charakter[6]. In neuerer Zeit stellte schließlich Ronald Morris ein Verzeichnis einiger jener »Erklärungen« auf, auf die man im Zusammenhang mit schottischen *›Schälchen‹ und Ringen* verfiel, u.a.: »Schlangennester, Mulden zum Messerwetzen, Metallgußformen, Sexualriten, Steinmetzzeichen, Getreidemühlen, Steinambosse, Lampen, frühe Schriftzeichen und die Druiden«[7].

Als sich um die Mitte des 19. Jahrhunderts unser heutiger Archäologiebegriff durchsetzte, maß man rein spekulativen Deutungsversuchen megalithischer Symbole immer weniger Wert bei. Archäologen – dies hing wohl mit ihrer Ausbildung zusammen – entwickelten speziellere Zielvorstellungen als die Antiquare früherer Tage: Ihnen ging es nun um Informationen über bestimmte Motiv-Typen und deren Verbreitung, um Werkzeuge und Techniken der Schöpfer dieser Zeichen, um Grabbeigaben und andere Erzeugnisse von Menschenhand, nicht zuletzt aber um Zeitbestimmung.

Abbé Henri Breuil, der überragende Bahnbre-

149 ›Routing Linn Inscribed Rock‹ aus: George Tate, Ancient British Sculptured Rocks of Northumberland and the Eastern Borders (1865).

cher der Vorgeschichtsarchäologie, gleichzeitig der große (wenn auch heute nicht mehr unumstrittene) Pionier der Interpretation prähistorischer Höhlenkunst, erinnerte freilich in vielem noch an die Antiquare von einst. Seine Ansichten über die Megalithkunst legte er der ›Vorgeschichtlichen Gesellschaft Ostangliens‹ *(Prehistoric Society of East Anglia)* im Jahre 1934 vor[8]. Nach Stil und Entstehungszeit gliederte er Ganggrabsymbole sowie *›Schälchen‹ und Ringe* in mehrere Gruppen. Dabei war er überzeugt: All die Symbole, die er fast durchweg von menschlichen Körperformen ableiten zu können meinte, hatten ihren Ursprung auf der Iberischen Halbinsel. Von dort, so glaubte er, verbreiteten sich die von ihm für anthropomorph gehaltenen Zeichen in die Bretagne sowie nach Skandinavien, Britannien und Irland, wobei sie allerdings stilistischen Wandlungen unterworfen waren. Häufig arbeitete Breuil mit Prof. R. A. S. Macalister zusammen, dem damals führenden Archäologen Irlands. Dieser erblickte in den Felsritzungen Schlachtfelder, abgeschlagene Köpfe, Göttinnen, und ». . . was die Rauten angeht, . . . sie stellen den Kopf des Schwirrholzes dar, jenes Heiligen Instrumentes, das in fast allen primitiven Mysterienkulten anzutreffen ist. Konzentrische Ringe mit einer radialen (vom Mittelpunkt ausgehenden) geraden Linie ähneln den labyrinthischen Mustern, die auf Kretas Münzen ihren vollendetsten Ausdruck finden sollten; sie deuten daher auf einen Platz für rituelle Tänze und somit auf den kultischen Tanz selbst hin«[9].

Freilich stellte es sich, wie Hadingham hervor-

150 ›Schälchen‹ und Ringe *an einem Felsen bei Cairnbaan, Grafschaft Argyll (Schottland), aus einem von J. Y. Simpson verfaßten Aufsatz in den* Proceedings of the Society of Antiquaries of Scotland 6 *(1867).*

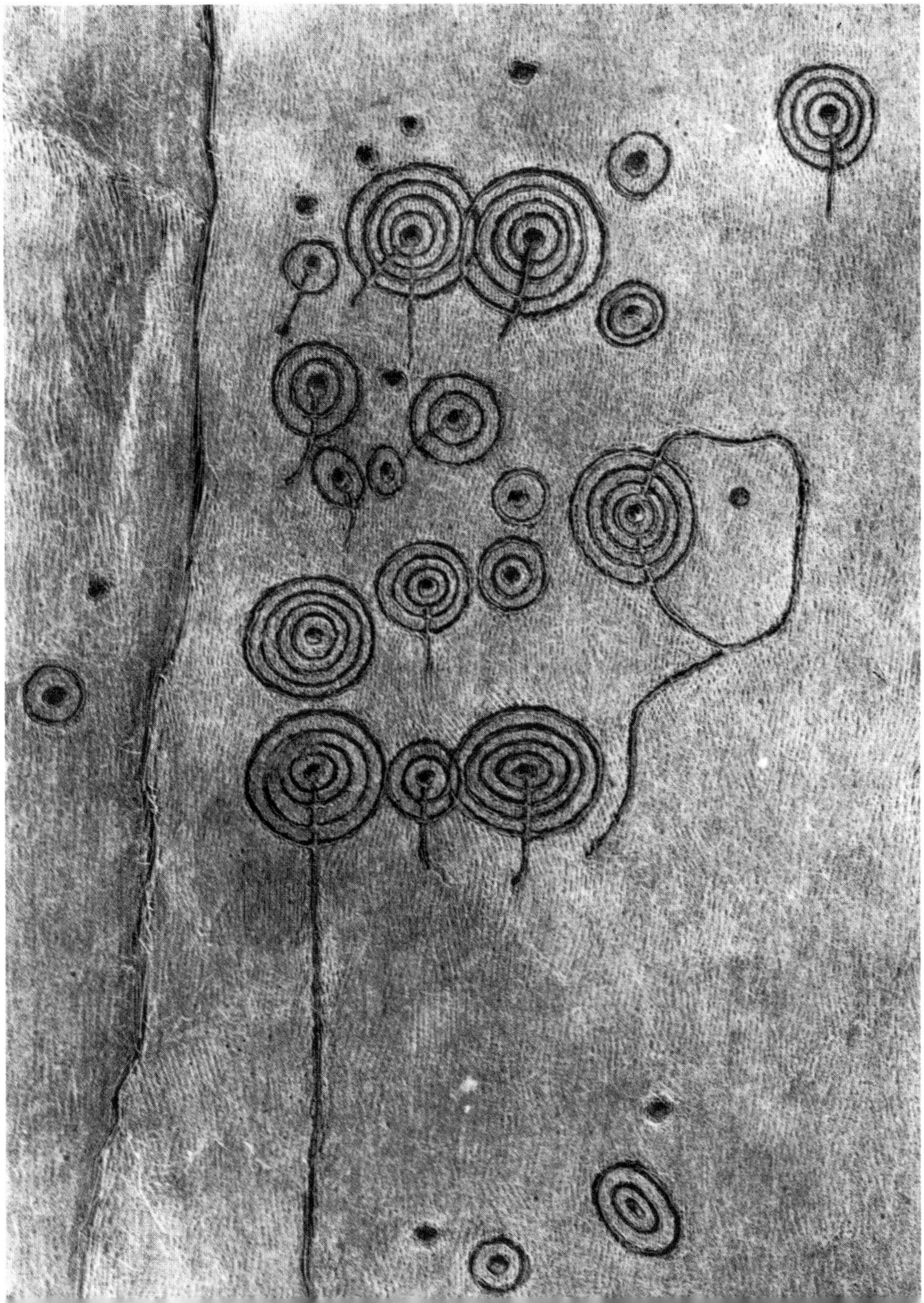

hebt[10], später bei gewissen ›Felszeichnungen‹, die man phantasievoll zu ›Schlachtfeldern‹ erklärt hatte, heraus: Es waren keine Schöpfungen von Menschen, keine prähistorischen Kunstwerke, sondern Folgen von Erosion und Auswitterung. Dennoch gab es für Eoin MacWhite genügend klare Übereinstimmungen zwischen den Mustern, wie man sie in Spanien und Nordportugal einerseits sowie in Britannien andererseits antrifft, daß er sich 1946 in der Lage sah, zwei Stile zu unterscheiden: den ›Ganggrabstil‹ (dessen Ursprung er in Spanien vermutete) und den ›galizischen Stil‹ (aus dem Nordwesten der Iberischen Halbinsel mit Ursprung möglicherweise im östlichen Mittelmeerraum)[11]. Allein – so wertvolle und mühsame Untersuchungen den Arbeiten Breuils, MacWhites und anderer auch zugrunde lagen: Die Folgerungen der genannten Gelehrten begünstigten doch eine diffusionistische Sicht der Vorgeschichte – die Auffassung nämlich, kultureller Fortschritt, kulturelle Innovationen ließen sich allenfalls aus einer oder zwei Quellen herleiten und auch zu diesen wieder zurückverfolgen, sobald man nur über das entscheidende archäologische Material verfügte. Vor allem aber wurden die Resultate durch neue, naturwissenschaftliche Forschungsmethoden stark in Frage gestellt. So ergab es sich, daß Ganggräber in der Bretagne älter waren als ihre angeblichen ›Vorgänger‹ auf der Iberischen Halbinsel.
Andererseits fehlt es tatsächlich nicht an stilistischen Übereinstimmungen zwischen der iberischen, französischen und irischen Megalithkunst, die man aber nicht aus dem zuvor angenommenen (und als falsch erwiesenen) Verbreitungsmuster zu erklären hat. Ob dies allerdings bedeutet, daß ein weit komplexeres Verbreitungsmuster mit vielleicht zwei oder sogar noch mehr Ursprungsgebieten vorliegt, muß gegen die Möglichkeit abgewogen werden, daß einfach an verschiedenen Orten und unabhängig voneinander Ähnliches entstand.
Zwar tritt uns in der Megalithkunst die wohl verblüffendste Manifestation neolithischer Mentalität entgegen, doch im allgemeinen behandeln Archäologen sie eher als einen zwar keineswegs uninteressanten, doch durchaus nicht zentralen Aspekt der Großsteingräber-Kulturen. Glyn Daniel allerdings, einer der hervorragendsten britischen Vorgeschichtler unserer Tage, erkannte: »... abgesehen von der Kunst des Jungpaläolithikums und der der La Tène-Zeit, hat man den künstlerischen Äußerungen prähistorischer Menschen nur sehr wenig eingehendere Beachtung geschenkt ... Die Erforschung prähistorischer Kunst ist ... für den Prähistoriker einer der wenigen Zugangswege zu den immateriellen Werten jener Völker, denen sein wissenschaftliches Interesse gilt, und sie verhilft ihm vielleicht zu einem sei es noch so flüchtigen Blick, der ihm etwas über die intellektuellen Abenteuer verrät, in die sich der vorgeschichtliche Mensch stürzte«[12].
Außerhalb Großbritanniens konzentrierten Archäologen der ›Pionierzeit‹ wie etwa Oscar Montelius ihre Bemühungen darauf, ›Einflußwege‹ nachzuweisen – etwa den Weg, den kretische Motive nahmen, bis sie angeblich die Ganggrabkunst auf irischem Boden beeinflußten. Später machte die Korrektur der Radiokarbondaten all diese Anstrengungen zunichte. Joseph Dechelette, dessen *Manuel* (›Handbuch‹) eines der klassischen Werke französischer Archäologie ist, vertrat die Ansicht, die Iberische Halbinsel sei Ursprungsland eines Kultes weiblicher Gottheiten, deren Augen und Augenbrauen durch jene Spiralen wiedergegeben würden, wie sie auch in Gavrinis und Newgrange gefunden wurden[13]. In Deutschland beschäftigte sich Herbert Kühn mit der europäischen Felskunst seit der Eiszeit. Er unterscheidet zwischen früheren, naturalistischen und späteren, stilisierten Formen, für die er als Beispiel Motive bzw. Symbole anführt, wie sie in Spanien gefunden wurden. »Die Bilder sind so abgekürzt, so abstrahiert, so sehr nur noch Symbol, daß sie wie Schrift erscheinen«[14].
Obwohl aus der Kunst des europäischen Neolithikums keine Schrift hervorging, fand Kühn gleichwohl, daß der Gebrauch derartiger Symbole einen »geistigen Fortschritt« darstellte, insofern er die Hinwendung des Menschen zu solchen Daseinsgrundlagen wie Fruchtbarkeit, Gesundheit, Glück und Lebenserhaltung signalisiere. Kühn weist uns »... den Schlüssel zum Verständnis der Felsbildkunst dieser Jahrtausende. Es sind nicht gewöhnliche Menschen, die hier dargestellt sind,

es sind vielmehr Geister; es sind auch nicht gewöhnliche Tiere, die sich in so stark stilisierter Form an den Felswänden finden, es sind Geistertiere. All diese Felsbilder aus den letzten beiden Jahrtausenden sind Zeugnisse eines alle Lebensgebiete durchdringenden Geisterglaubens. Wenn der Stil der Bilder auch in den einzelnen Gegenden Europas recht verschieden ist, thematisch sind sie alle auf die Welt der Geister bezogen und deshalb bestimmt durch die Abwendung von der realen Umwelt.
Wenn man die erste Epoche der Felskunst als Epoche des Jagd- und Analogiezaubers, der Magie, bezeichnen kann, so ist diese vom 3. Jahrtausend an zu datierende Epoche die des Animismus, des Mythos. Die Menschen dieser Zeit entwickeln Vorstellungen von geheimnisvollen, übermächtigen Kräften einer bis in die kleinsten Teile belebten und beseelten Natur, sowie den Glauben an das Fortleben nach dem Tode und an das Wirken der Totengeister«[15].
In Deutschland allerdings ist megalithische Felskunst vergleichsweise selten. Immerhin fand sich in Göhlitzsch (Sachsen-Anhalt) eine Grabplatte mit textilähnlichem Muster[16]. T. G. Powell und andere halten dergleichen für eine Darstellung von Wandbehängen oder Wandschmuck, und Powell geht der betreffenden Dekortradition bis hin zu Grabbräuchen im alten Rußland nach[17].
In Italien gab, wie wir sahen, Emmanuel Anati eine sorgfältige Analyse der Tausenden von Felszeichnungen aus der Val Camonica und anderen Fundorten. Im Laufe der Entwicklung, die in der Steinzeit begann und sich in der Bronzezeit fortsetzte, zeichnet sich für ihn eine Veränderung der mythologischen und religiösen Vorstellungen ab. Nach anfänglichem Sonnenkult und der Verwendung geräteähnlicher Symbole gingen die Felskünstler zu anthropomorphen Gottheiten und Symbolen ›megalithischen‹ Typs (wie Schlangenlinien, Mäandern, Zickzackmustern, konzentrischen Scheiben bzw. Kreisen usw.) über, was für Anati gleichbedeutend war mit dem Übergang zu einer pantheistischen, mit kosmologischen Vorstellungen verknüpften Religion.
Während der Übergangsphase zwischen Stein- und Bronzezeit waren die Kompositionen, die man in Steinwände ritzte, »... Schöpfungen einer Kunstrichtung mit präzisen Kompositionsgesetzen, mit eigener Ästhetik und festgelegter Symbolik. Bevor man ein Bauwerk errichtete, überlegte und plante man, und die Monumente verraten eine technische Meisterschaft – unzweifelhaft das Werk von Künstlern, die ihr Handwerk verstanden und in unserer heutigen Sprache wohl als ›Profis‹ zu bezeichnen wären. Offensichtlich verfügten diese Leute über ein hochentwickeltes ästhetisches Empfinden, das sich freilich von Zeit zu Zeit änderte. Doch sowohl die Folgerungen, die sich aus der Analyse der Felszeichnungen in der Val Camonica selbst ergaben, als auch die zahlreichen einschlägigen völkerkundlichen Parallelen deuten wohl darauf hin, daß es in der Val Camonica in prähistorischer Zeit keine ›art pour l'art‹ gab, sondern daß die Ritzzeichnungen religiös-magische Zweckbestimmung hatten und ihre Ausführung als Bestandteil der von der Gruppe als lebenswichtig angesehenen Aktivitäten galt, von denen man sich wirtschaftliche und soziale Wohlfahrt sowie gute Beziehungen zu den dunklen Mächten des ›Jenseits‹ versprach«[18].
Überall in Europa also begannen Antiquare wie auch – später – Archäologen, das Formenrepertoire megalithzeitlicher ›Inschriften‹ an Bauwerken und freistehenden Steinen zu katalogisieren und zu analysieren, um den Ursprung der Motive zu ermitteln, den man in so weit abgelegenen Gegenden wie auf der Iberischen Halbinsel oder im östlichen Mittelmeerraum vermutete. Als es gelang, die neuentdeckten naturwissenschaftlichen Datierungsmethoden zu verbessern, schien allerdings ein großer Teil der geleisteten Arbeit umsonst getan. Doch Beschreibungen und Beobachtungen als solche bleiben gültig, auch wenn Folgerungen, die man aus ihnen zog, hinfällig werden. Ja, man sieht sich der erregenden Tatsache gegenüber, daß – um mit Evan Hadingham zu sprechen – »... das Auftreten dieser Muster [gemeint sind *›Schälchen‹ und Ringe*] nicht allein in Europa, sondern überall auf der ganzen Welt bis hin nach Brasilien, Indien und Australien, wo immer es alte Kulturtraditionen gab, die fundamentale Natur des Impulses erkennen läßt, diese einfachen, abstrakten Formen zu schaffen«[19].
Abseits der Pfade schulmäßiger Archäologie tummeln sich Autoren, die keinerlei Hemmung

haben, ausgefallene, für viele auch unannehmbare Thesen vorzutragen. Hier reicht das Spektrum von den auf peinlich genauer Vorarbeit beruhenden, sorgfältig recherchierten und abgewogenen Ansichten Alexander Thoms bis hin zu den weit hergeholten Spekulationen eines Erich von Däniken, der mit Bildern den ›Beweis für das Unmögliche‹ anzutreten versucht.
Zusammen mit Angehörigen seiner Familie verbrachte Thom manches Jahr damit, die Geometrie britischer und französischer Steinkreise und deren mögliche astronomische Bezüge zu untersuchen. Sein Werk wurde richtungweisend für eine Sicht, die dem überkommenen Bild der Vorgeschichte widerspricht – es brach der Vorstellung Bahn, daß sog. ›primitive‹ Vorzeitmenschen bereits Maßsysteme besaßen und Beobachtungen anzustellen vermochten, die es ihnen ermöglichten, geometrische Figuren von solcher Raffinesse zu entwerfen, daß selbst heutige Mathematiker noch Probleme damit haben.
Wie es scheint, ist es Thom gelungen, für Britannien die Existenz eines vorgeschichtlichen Standardmaßes nachzuweisen, das Thom als ›megalithischen Yard‹ bezeichnet und dessen Länge 82 cm betrug (allerdings möchte ich rasch hinzufügen, daß man in archäologischen Fachkreisen darüber nicht ungeteilter Meinung ist). Bei der Untersuchung schottischer *›Schälchen‹ und Ringe*-Motive fiel Thom auf, daß diese auf 1/40 ›Megalith-Yard‹ (= 2,07 cm) ausgelegt sind – eine Einheit, die Thom ›Megalithzoll‹ nennt.
Behauptet Thom: »... die Prinzipien und Bezugssysteme, die nichtzirkulären* Ringen stehender Steine zugrunde liegen, sind die gleichen wie bei nichtzirkulären *Schälchen und Ringe*-Mustern. Mit Sicherheit vermaß man die ersten mit Meßruten und Seilen, während man für die letztgenannten genaue Zirkel und eine ebenso genaue Skala megalithischer Zoll-Maßeinheiten benötigte.«[20]
Die Analyse einer Anzahl nichtzirkulärer Ringe in Schottland führte Thom zu einer Geometrie, die seiner Ansicht nach auf spezifisch ›esoterischen‹, ›megalithischen‹ Bezugssystemen beruht. Dabei hält er es durchaus für denkbar, daß der ›Satz des Pythagoras‹ den Schöpfern dieser Steinmale bereits bekannt war.
Daraus ergeben sich interessante Folgerungen. Wenn man Menhire und Steinkreise nach astronomischen Gesichtspunkten errichtete – haben dann auch *›Schälchen‹ und Ringe,* wenn sie den gleichen geometrischen Gesetzen unterliegen, mit Astronomie zu tun? So weit ich weiß, besteht Thom nicht darauf. Dagegen fragt er in seinem Vorwort zu W. B. Morris' Werk über die in Schottland gefundenen *›Schälchen‹ und Ringe*: »Enthalten sie eine Botschaft? Sind sie der Beginn irgendeiner Form des Schreibens?«[21].
Thoms Arbeiten machen es sehr wahrscheinlich, daß es eine komplexe, hochentwickelte megalithische Geometrie gab, die sich unabhängig von anderen Zentren herausgebildet hatte, wo nach herkömmlicher Auffassung die ›Wiege unserer Kultur‹ stand. Weniger von wissenschaftlichen Skrupeln geplagte Autoren plädieren dagegen für Ägypten als Ursprungsland megalithischer Berechnungskünste und Symbolik. So äußerte Grafton Elliot Smith, der um die Jahrhundertwende als Anatomieprofessor in Kairo wirkte, die wissenschaftlich unhaltbare Ansicht, Ägypten sei das Ursprungsland jeglicher Hochkultur[22]. Einer seiner Anhänger, W. J. Perry, griff diese Ansicht auf[23], die schließlich neuerdings von John Ivimy in dessen Buch *The Sphinx and the Megaliths* abermals aufgewärmt wurde, wobei der Autor ganz besonders Großbritannien im Auge hatte. Zu Ivimys »Pyramidiotien« (wie ein Archäologe es nannte) gehört die Behauptung, Stonehenge sei von ägyptischen Priestern erbaut worden, die England besuchten und dort eine »Außenstelle« zur Himmelsbeobachtung benötigt hätten!
Weniger abwegig war die seinerzeit geäußerte Vermutung, bei megalithischen Spiral- und Bogenlinienmustern handle es sich um Wiedergaben menschlicher Fingerabdrücke und Handlinien. Eugene Stockis äußerte 1921 diesen Gedanken[24], und später (1937) vertrat Bridge im *Fingerprint and Identity Magazine* die gleiche These.
In jüngster Zeit überschwemmte geradezu eine Flut marktschreierisch aufgemachter Sensationsschriften den Büchermarkt, deren Verfasser auch

* Als »nichtzirkulär« bezeichnet Thom ringförmige Gebilde, die aber in Wirklichkeit keine Kreisform, sondern nur die Form einer abgeplatteten Ellipse haben *(Anm. d. Verf.).*

vor der halsbrecherischsten Gedankenakrobatik nicht zurückschreckten. Ob tatsächlich wissenschaftliche Befunde ihre kühnen ›Schlußfolgerungen‹ stützen, spielt für sie keine Rolle mehr. Zwar ist dies alles nur noch Glaubenssache und hat nichts mehr mit Wissenschaft zu tun, doch kann diesen Autoren das Verdienst nicht abgesprochen werden, ernstzunehmende Archäologen dermaßen geärgert zu haben, daß deren Unmutsäußerungen geradezu die Höhen dichterischer Schöpferkraft erklommen. »Schwindel, Unrat und Unfug«, »Schwachköpfe ohne den geringsten Anspruch auf Glaubwürdigkeit« – Ausbrüche begreiflichen Zornes.

Einer jener Autoren, denen es nichts auszumachen scheint, durch wilde Spekulationen Wissenschaftler dermaßen zu provozieren, ist Robert Charroux. In seinem Buch *One Thousand Years of Man's Unknown History*[25] stellt er die Behauptung auf, unsere Ahnen seien uns naturwissenschaftlich weit überlegen gewesen. Schon vor Hunderttausenden von Jahren hätten sie sich der Atomkraft bedient, Raumfahrt betrieben und ein geheimes Alphabet gekannt. Nur durch Komplotte verschiedenster Dunkelmänner seien uns diese ›Tatsachen‹ bislang verborgen geblieben. Erich von Däniken, vielleicht der bekannteste Autor derartiger ›Archäologie-Science-Fiction‹, stellt Fragen wie diese (sie ist auf die Fels-›Inschriften‹ gemünzt): »Waren dies die ältesten Mitteilungen an Stammesgenossen über Kontakte mit Außerirdischen?«[26] Etwas vorsichtiger ist Francis Hitching in *Earth Magic*[27], obwohl sich seine Darstellung nicht allzusehr von Dänikens Büchern unterscheidet. Hitching klammert sich an die alte Vorstellung, es gäbe unterirdische Kraftlinien, die unter den verschiedenartigsten vorgeschichtlichen Malen wie z.B. Menhiren und Kultbauten hindurchlaufen. Schon in den zwanziger Jahren nahm Alfred Watkins derartige Linien an. Man betrachtet sie als ›Leitungen‹ unsichtbarer Energien oder als Feldlinien geheimnisvoller Kraftfelder. Autoren wie Guy Underwood und John Michell suchten zu »erforschen«, was Michell »das alte System spiritueller Ingenieurtechnik« und »die geheimnisvollen Ströme« nannte, »von denen die gesamte Zivilisation der antiken Welt abhing«[28].

Hitchings Buch geht davon aus, der prähistorische Mensch habe über ›wahrsagerische‹ bzw. ›hellseherische‹ Fähigkeiten verfügt, wie sie etwa heute Wünschelrutengänger zu besitzen vorgeben. Doch immerhin ist Hitching vorsichtig genug, diese Vermutung in den Mund bekannter Rutengänger wie Scott Elliot (eines Präsidenten des britischen Wünschelrutengänger-Verbandes) und Bill Lewis, eines Rutengängers aus Südwales zu legen. Behauptet Hitching: Lewis habe die Möglichkeit in Erwägung gezogen, daß die ›Steinkraft‹ – jene Energie, die Rutengänger angeblich spüren – unter einem Menhir in Spiralen aus dem Boden träte.

Ein Buch wie *Earth Magic* zu lesen, ist freilich alles andere als leicht. Allem Anschein nach hat der Autor eine Unmenge Material ganz unterschiedlichen Ursprungs zusammengetragen – leider macht er zwischen echten Informationen und irreführenden Behauptungen keinen Unterschied!

Zurück bleibt das ungute Empfinden einer Lücke zwischen der sorgsamen Häufung nüchterner archäologischer Fakten und einer Flucht in Bereiche nebelhafter Möglichkeiten. Was fehlt, ist das Gespür für die Bedeutung der Symbole neolithischer Fundstätten, denn – so Evan Hadingham[29] –: »Das Wesentlichste und Erregendste ist: Die Anhaltspunkte häufen sich immer mehr, daß die Rauten, Spiralen, ›*Schälchen*‹ *und Ringe* auf britischem Boden vielleicht die erste bedeutende Kunsttradition Westeuropas seit der Eiszeit repräsentieren.‹

Doch nicht nur dies, sondern das Gefühl, daß wir konkrete Zeugnisse des Denkens und Empfindens neolithischer Menschen vor uns haben, sollte hinreichende Veranlassung sein, uns auch außerhalb der reinen Archäologie einerseits wie des Astromystizismus andererseits nach Antworten auf bisher offene Fragen umzutun.

6 Möglichkeiten

Megalithische Architektur und Zeichen, die während des Neolithikums in Steinflächen gegraben wurden, bilden die am unmittelbarsten zu uns sprechende dingliche Hinterlassenschaft jungsteinzeitlicher ›Symbolisten‹. Und mag auch bei allen bisherigen Untersuchungen der fraglichen Symbole noch so wenig über Denkweise, Sprache oder immaterielle Kultur (drei Begriffe, die für mich untrennbar miteinander verbunden sind) ans Licht gekommen sein – eines Tages dürfte uns doch, was immer wir noch über das Wesen menschlicher Sprache und über menschliche Denkvorgänge zu lernen haben, auch zu Aufschlüssen über diese Symbole verhelfen.
Stets die von aristokratischem Lebensgefühl geprägte Warnung Sir Peter Medawars vor Augen, eine »große Bevölkerung, nicht selten eine solche mit gut entwickeltem literarischen Geschmack und intellektuellen Neigungen, die weit über ihr Fassungsvermögen hinaus geschult wurde«, unterliege der Gefahr, Beute skrupelloser oder unbedachter ›Experten‹ zu werden[1], fällt es mir schwer, mir weitere Untersuchungen zu versagen, liegen doch neuere Arbeiten in Bereichen wie Linguistik, Semiotik, Neurophysiologie, ja sogar Physik, desgleichen neuere Untersuchungen auf den Gebieten der vergleichenden Religionswissenschaft und der (Kultur-)Anthropologie (Völkerkunde) vor, die sich heranziehen lassen, wenn man Antwort auf die von den Symbolen aufgeworfenen Fragen sucht.
Zuerst gilt es, sich darüber klarzuwerden, ob jene Symbole eine Art ›Schrift‹ darstellen. Lange war es üblich, Höhlenmalereien – insbesondere die echten Höhlenmalereien des Jungpaläolithikums, aber auch die geometrischen Symbole an Megalithbauwerken – kurzerhand für ›Bilderschrift‹ zu erklären. Später erst unterschied man zwischen *piktographischer* Kunst (bei der ein Abbild eben nur den Gegenstand darstellt, den es abbildet, mehr nicht) und sogenannten *Ideogrammen*. Ein *Ideogramm* geht über die bloße Abbildung eines Gegenstandes hinaus. Es symbolisiert etwas mehr oder etwas anderes als das Urbild. So bedeutet als *Piktogramm* ein Strahlenkranz wahrscheinlich ›Sonne‹, als *Ideogramm* dagegen vielleicht außerdem auch noch ›Hitze‹ oder ›Tag‹. Ein wichtiges Merkmal echter Bilderschrift, gleich, ob es sich um Piktogramme oder um Ideogramme handelt, ist: Es gibt keinen Zusammenhang zwischen Bild und gesprochenem Wort. Es geht nur darum, einen Inhalt zu vermitteln. Das Lautliche spielt dabei überhaupt keine Rolle.
Aber wenn wir von der Sprache oder vielmehr den Sprachen der Steinzeitleute keinerlei Ahnung haben – was berechtigt uns dann, den Sprachwissenschaftlern beizupflichten, daß die Zeichen, von denen hier die Rede ist, nichts mit dem Laut gesprochener Wörter zu tun hatten? Und doch war es wohl so, wenn auch nur aus dem naheliegenden Grunde, daß das Repertoire und die Kombinationen dieser Zeichen so begrenzt sind. Man kann sich schwerlich vorstellen, daß geschriebene, schriftlich festgehaltene Sprachen in ihren jeweiligen Verbreitungsgebieten mit so wenig Zeichen ausgekommen sein sollten. Natürlich besteht immer noch die Möglichkeit, daß die Inschriften nur einen winzigen Teilbereich des gesamten Wortschatzes wiedergeben – den Bereich der Sakralsprache nämlich. Außerdem könnten andere Zeichen irgendwo mit Farbe aufgetragen, in den Boden gekratzt oder in Holztäfelchen geritzt worden und infolgedessen nicht mehr erhalten sein. Doch selbst, wenn dies der Fall wäre, läßt die Art, wie die erhaltenen Symbole angebracht und auf dem Stein verteilt sind (nämlich entweder willkürlich oder klar ornamental und teilweise mit Wiederholungen), eher den Schluß zu, daß es sich um *Ideogramme* handelt, die gegenüber den simpleren *Piktogrammen* jungpaläolithischer und mesolithischer Kulturen bereits einen Fortschritt darstellen.

Die nächste Phase der Bilderschrift-Entwicklung brachte die Herausbildung verfeinerter, feststehender, konventionsgebundener Zeichen, die jeweils einen eindeutigen Sinn ergeben[2] und sowohl Konkretes (wie ›Axt‹ oder ›Sonne‹) als auch Abstraktes (dies gilt wohl insbesondere für die Spiralen) auszudrücken vermochten.
Obwohl nach Herbert Kühn[3] in manchen Kulturen des Altertums die stilisierten Bildzeichen des Neolithikums zur Schrift überleiteten, fehlte im alten Europa der entscheidende Faktor, der dagegen im alten Mesopotamien, in Ägypten und China vorhanden war. Dieser entscheidende Faktor, den Kühn in Europa vermißt, war die Existenz einer Priesterkaste, die die Schriftzeichen zu deuten verstand. Wie wir allerdings bereits oben (im Kapitel 2) feststellen konnten, nehmen Archäologen wie MacKie und Herity das Vorhandensein einer Priester- und Astronomen-Elite auch für Europa an – einer Elite, die komplexes Wissen und bestimmte Kenntnisse, wie Entwurf und Bau megalithischer Observatorien sie erforderten, hegte und innerhalb der eigenen Gesellschaftsschicht von Generation zu Generation weitergab. Gleichwohl scheinen neolithische Symbole hier nicht unmittelbar in ein phonetisches Schriftsystem übergegangen zu sein, wie sich etwa altsumerische Piktogramme zur Keilschrift entwickelten.
Daß Alteuropas ›graphische Kunst‹ Symbolkunst blieb und kein Schriftsystem hervorbrachte, bedeutet allerdings nicht notwendigerweise eine Beeinträchtigung der geistigen und kulturellen Entwicklung, die sich im Neolithikum abspielte. Um ein Wort des bekannten französischen Völkerkundlers Claude Lévi-Strauss zu zitieren: »Zwar brachte die Schrift der Menschheit ungeheure Vorteile, doch in Wahrheit nahm sie ihr etwas Fundamentales«[4]. Lévi-Strauss meint damit die positiven Auswirkungen persönlicher, konkret erfahrbarer zwischenmenschlicher Beziehungen innerhalb ›unzivilisierter‹ Gesellschaften, während bei uns beispielsweise Bücher den verlorengegangenen unmittelbaren Kontakt mit der Vergangenheit ersetzen müssen und Publikationsmedien die abhanden gekommene Kommunikation zwischen Machthabern und weniger Mächtigen.
Besonders schwerwiegend jedoch ist, daß die Erfindung der Schrift die Fähigkeit des archaischen Menschen verkümmern ließ, die Welt, die ihn umgab, mittels Analogien zwischen Natur und Menschenleben zu deuten. Intuitive ›mythische‹ Logik und Naturbeobachtung machten ihm die Welt in einer Form erfahr- und faßbar, die sich von unserer heutigen rationalistischen, begrifflich-abstrakten Denkweise erheblich unterscheidet. Wenn wir die strukturalistische Charakterisierung dessen akzeptieren, was Lévi-Strauss *la pensée sauvage* (»das wilde Denken«) nennt, und mit Lévi-Strauss annehmen, daß Angehörige archaischer Gesellschaften zwar andere *Denkweisen* entwickelten, ihr Denken sich aber im Prinzip von dem eines ›Zivilisierten‹ nicht unterscheidet – was ergibt sich daraus für unsere Steinzeitsymbole?
In seinem Werk *Structuralism and Semiotics*[5] erörtert Terence Hawkes die Anwendungen strukturalistischen Denkens auf die Semiotik, die Wissenschaft von den Zeichen. Besonders fruchtbar für die Untersuchung steinzeitlicher Symbole ist dabei die Hervorhebung der gegenseitigen Wechselbeziehungen sämtlicher Aspekte einer Kultur einschließlich der Sprachstruktur. Diese Struktur ist freilich nicht sprachspezifisch, nicht lokal begrenzt, und sie ändert sich nicht von Sprache zu Sprache, sondern ist allen Menschen aller Zeiten gemeinsam eigen. Es gibt also allgemeine Prinzipien der menschlichen Sprache, die auf »die geistigen Eigenschaften der Species Mensch«[6] insgesamt zurückführbar sind. Der Kulturanthropologe Lévi-Strauss baut diesen Gedanken weiter aus, wenn er fragt ». . . ob die unterschiedlichen Aspekte sozialen Lebens (sogar einschließlich Kunst und Religion) nicht nur mit Hilfe von Methoden und Konzepten untersucht werden können, die in der Linguistik Anwendung finden, sondern ob sie nicht auch Phänomene darstellen, die im Innersten der Sprache gleichen . . . «[7].
Somit aber wird die Untersuchung steinzeitlicher Symbole zur Untersuchung der gesamten Kultur der damaligen ›Primitiven‹. Allerdings waren jene ›Primitiven‹ weder Barbaren, wie wir einst glaubten, noch kann davon die Rede sein, daß sie unwissend waren. Vielmehr betonte schon 1725

der italienische Rechtsgelehrte und Philosoph Giambattista Vico mit Recht: Ihre Art des Eingehens auf ihre Umwelt hatte etwas instinktiv Poetisches. Eine ihnen angeborene ›poetische Weisheit‹ kennzeichnete ihre Reaktionen auf die Welt, die sie umgab, und formte daraus eine ›Metaphysik‹ aus Mythos, Symbol und Metapher.
So zeugen oft als ›kindisch‹ diffamierte ›kindliche‹, ›primitive‹ Glaubensvorstellungen und Bräuche nicht etwa von Unwissen, sondern verdienen es, als hochentwickelte Methoden ernstgenommen zu werden, einen Code für die Welt zu finden und sich mit ihr auseinanderzusetzen. Zuallererst hat ein Wissenschaftler – Giambattista Vico zufolge – Mythen oder Fabeln zu lernen, und bei allen Mythen handelt es sich um »Verallgemeinerungen wirklicher Erfahrungen der Menschen des Altertums«[8].
Folglich kann man durchaus sagen, daß Sprache, Mythen und schließlich die vom Menschen geschaffenen Formen und Institutionen sozialen Zusammenlebens ihrerseits an der Erschaffung des Menschen teilhaben. So formt sich eine ›Menschennatur‹, in der poetische Wahrheit metaphysische Wahrheit ist und objektive Wirklichkeit nicht mehr zählt.
Soweit – vielleicht etwas zu vereinfacht dargestellt – die strukturalistische Betrachtungsweise. Schließt man sich ihr an, bergen die Steinzeitsymbole mit Sicherheit die Glaubensvorstellungen des Steinzeitmenschen.
Wie Giambattista Vico betont, vermögen wir modernen Menschen uns »mit unserer zivilisierten Art überhaupt nicht in das poetische Wesen dieser ersten Menschen hineinzuversetzen, allenfalls können wir es mit großer Mühe rein intellektuell zu begreifen versuchen«[9].
Ein Schlüssel zum Verständnis dieses ›poetischen Wesens‹ scheint mir allerdings gefunden zu sein, wenn wir uns den Symbolen selbst zuwenden und uns klarmachen; wodurch sie sich von unserer Alphabetschrift unterscheiden.
So lassen sich diese Symbole erstens im Gegensatz zu *exoterischen* Wörtern als *esoterisch* charakterisieren. Mit anderen Worten: sie deuten an, setzten voraus, signalisieren, ohne genauestens zu spezifizieren. Sie beziehen sich auf angeborenes, intuitives Wissen, ohne bestimmte Inhalte zu umreißen (und damit einzuengen). Wörter dagegen beziehen sich auf engumgrenzte, präzis definierte Begriffe und sind statisch. Weil am Anfang des Wortes die Abstraktion steht, die sich auf das Objekt zurückbezieht, keine Beschwörung, kein Analogiezauber oder dergleichen Assoziationen Wachrufendes, betrachtet R. A. Schwaller de Lubicz, ein Kenner altägyptischer Symbolsprache. Worte als eine Art »Sackgasse«. Worte führen nicht zu poetischer Erfahrung, lösen keine »abstrakte vitale Reaktion« aus. Das Symbol dagegen kann durch seine beschwörende Kraft zur Synthese beitragen. Intuitiv erfaßbare, aber nie objektiv ausgesprochene, abstrakte Realität, vermag es außerhalb der Zeit zu existieren. Schwaller de Lubicz untersucht diese Merkmale anhand ägyptischer Hieroglyphen[10]. Für die Symbolik des Neolithikums ist dabei von Bedeutung, daß sich archaische Symbole auf magische Analogien beziehen, um der von der zeitgebundenen Logik unabhängigen »poetischen« Weisheit« bzw. »poetischen Erfahrung« Ausdruck zu leihen. Es kommt also nicht darauf an, lexikalische Bedeutungen solcher Symbole zu suchen und sie an Wörtern wie ›Wiedergeburt‹ oder ›geheiligt‹ festzumachen. Vielmehr wäre es viel sinnvoller, vergleichbare Religionen oder antike Texte über Glaubensinhalte heranzuziehen, die auf die Zeit vor Erfindung der Schrift zurückweisen, und dabei stets im Gedächtnis zu behalten: Wesentlich ist allein die Betrachtung der Symbole selbst.
Nach dem in Bukarest geborenen, in Amerika wirkenden Religionswissenschaftler Mircea Eliade, einer der führenden Autoritäten auf dem Gebiet der vergleichenden Religionswissenschaft, besteht der Hauptunterschied zwischen dem heutigen und dem archaischen Menschen darin, daß sich der archaische Mensch eng mit dem »Kosmos und den kosmischen Rhythmen« verbunden fühlt, der moderne Mensch dagegen (tatsächlich oder angeblich) mit der Geschichte (wobei es natürlich auch eine mit dem Kosmos verknüpfte, in Mythen bewahrte und durch Mythen verkündete ›heilige Geschichte‹ gibt). Ein weiterer bedeutender Unterschied besteht nach Eliade zwischen der religiösen Erfahrung des archaischen und der areligiösen, ›säkularisierten‹ Erfahrung des modernen Menschen. Eliade weist

darauf hin, daß »die vollständig profane Welt ... erst eine neue Entdeckung in der menschlichen Geistesgeschichte« sei und stellt fest, »... daß Entheiligung die gesamte Erfahrung des areligiösen heutigen Menschen durchdringt und es diesem infolgedessen zunehmend schwerer fällt, die existentiellen Dimensionen des religiösen Menschen in der Welt archaischer Gesellschaftsformen für sich neuzuentdecken«[11].
Betrachten wir, was Gelehrte wie Mircea Eliade und Joseph Campbell[12] zu den grundlegenden Mythen archaischer Menschen zählen, so haben wir uns dabei vor Augen zu halten, daß wir keine genauen Entsprechungen der Termini erwarten dürfen, die sich in unseren philosophischen und religiösen Traditionen herausgebildet haben. »Doch wenn das Wort fehlt, ist doch das *Ding* gegenwärtig: nur dieses ist durch Symbole und Mythen ›gesagt‹ – d. h. in konhärenter Form offenbart«[13]. Worin aber bestehen denn die fraglichen Vorstellungen – einige der wichtigsten Inhalte sogenannten ›wilden Denkens‹? Eliade unterteilt archaische Glaubensvorstellungen aufgrund »unterschiedlicher Gruppen von Fakten, die hier und da verschiedenen Kulturen entstammen«[14], in mehrere Kategorien.
Zuerst spricht er vom »himmlischen Archetypus«. Für den archaischen Menschen ist Realität Abbild und Nachvollzug eines himmlischen Urbildes. In alten Traditionen sowohl des Westens als auch des Ostens haben Tempel und heilige Stätten, Städte, ja die gesamte von Männern und Frauen geschaffene Welt ihr Urbild auf einer höheren kosmischen Ebene. Das Gegenteil gilt für die unbebaute, unbewohnte Wildnis. Sie spiegelt das Chaos der Urzeit, den ungeformten Zustand vor der Schöpfung.
So wird Besiedlung von Neuland zur symbolischen Wiederholung des Schöpfungsaktes, und man vollzieht Riten, um die Ur-›Kosmoswerdung‹ des Chaos gegenwärtig zu setzen. Daß Gemeinwesen und Stadtkulturen an einem archetypischen Modell teilhaben, verleiht ihnen erst Existenzberechtigung und Zusammenhalt – Ritual erst macht bewohntes Gebiet zur ›Realität‹.
›Real‹ bedeutet hierbei ›geweiht‹, denn für die archaische Denkweise besteht Realität in »Kraft, Wirksamkeit und Beständigkeit«[15]. Doch nur Weihe, Heiligung, bewirkt, daß die Dinge Bestand haben – daher die hohe Bedeutung, die ›Primitive‹ Weiheakten beimessen.
Hand in Hand mit dem Glauben des archaischen Menschen an himmlische Archetypen ging eine Reihe von Vorstellungen, bei denen es um den Symbolgehalt der ›Mitte‹ ging. Im Zentrum der Welt lag der ›Heilige Berg‹. Himmel, Erde und Hölle treffen hier zusammen. Jede heilige Stadt, jeder Tempel, jeder Palast ist solch ein ›Heiliger Berg‹ und somit Zentrum, Mitte. Städte und heilige Stätten liegen auf dem Gipfel des ›Heiligen Berges‹, auf dem höchsten Punkt der Erde, der gleichzeitig ›Nabel der Welt‹ ist. Selbstverständlich ist dies nur eine grobe Vereinfachung der alten Vorstellung vom Tempel als Spiegelung der Welt, als Abbild der Wesenszüge des Universums – einer Vorstellung übrigens, die bis in jüngste Zeit im Westen lebendig blieb.
Im Zentrum ist alles real. Es ist der Bereich des Heiligen. Symbole absoluter Realität (nach Eliade etwa der ›Baum des Lebens‹ oder der ›Jungbrunnen‹) hat man im Zentrum zu suchen. Der Weg zum Zentrum hin allerdings ist beschwerlich, gefahrenreich und labyrinthisch.
Von Ganggrab-Kammern wie in Newgrange und Knowth in Irland läßt sich durchaus behaupten, daß sie ›im Zentrum‹ liegen, und die Spiralen an den Grabeingängen könnten daher – wenigstens könnte dies zum Teil zutreffen – den Weg zum Zentrum, den Weg vom Tode zum Leben, vom Profanen zum Heiligen, von der Illusion zur Realität symbolisieren. In solch einem Zentrum einzutreffen, bedeutet Weihe, Initiation in das wahrhaft Seiende, ewig Beständige, Wirkende.
Da jegliche Schöpfung Gegenwärtigsetzung des Ur-Schöpfungsaktes ist, mußte ein Heiligtum wie ein Megalithgrab im Weltmittelpunkt angelegt werden – d. h. an einem seinerseits geweihten und nach damaligen Vorstellungen sorgfältig ausgesuchten Platz. So konnte der Standort von Megalithbauten nach astronomischen Gesichtspunkten ausgewählt werden aufgrund geomantischer Erwägungen und/oder nach anderen Gesichtspunkten magischer Art.
Ja, der Verfasser hält es für lohnend, wenigstens rein spekulativ die Möglichkeit zu erwägen, daß Spiralen, Parallellinien, Ringe und Bogenlinien

vielleicht doch irgendeine ›Kraft‹ versinnbildlichen, die nicht nur (wie die von den Polynesiern angenommene Lebenskraft *mana*) mythische Realität besitzt, sondern eng mit auch von der heutigen Physik als real erkannten Energien zusammenhängt – mit elektromagnetischen Teilchen im subatomaren Bereich, die sich um Newtons Gesetze nicht kümmern und weit über den naturwissenschaftlichen Horizont des 19. Jahrhunderts hinausgingen.

Könnte der Erfolg, den Wünschelrutengänger mit ihren ›hellsehenden‹ Ruten erzielen, mit derartigen Kräften zusammenhängen (Guy Underwood und andere vermuten es)? Ließ man sich von solchen Kräften leiten, wenn es galt, den Platz für ein Kultzentrum zu bestimmen? Eliade spricht von den »geomantischen Theorien, die bei der Gründung von Städten eine maßgebliche Rolle spielten«, und ganz gewiß war Geomantik im Altertum eine ›Naturwissenschaft‹, die man sehr ernst nahm. Natürlich ist es beim heutigen Stand unseres Wissens nichts als bloße Spekulation, wenn man das Spiralsymbol der Neolithiker mit elektromagnetischen Phänomenen in Verbindung bringt. Doch vielleicht hat die moderne Physik eines Tages eine Erklärung dieser Spiralen für uns bereit, wenn sie den Weg weiter voranschreitet, der von der überkommenen ›naturwissenschaftlichen Logik‹ fort und hin zum ›poetischen‹ Bild einer paradoxen Welt aus Teilchen führt, die weder Masse noch Energie und dennoch beides zugleich sind.

Doch gleich, ob Geomantiker, Priester, Astronomen oder Vertreter all dieser ›Stände‹ gemeinsam den Platz für die Errichtung einer ›Heiligen Stätte‹ ausgesucht hatten – die ›Heilige Stätte‹ mußte geweiht werden, damit man sicherging, daß sie ihren numinosen Charakter, ihre ›Weihe‹ (und damit ihre eigentliche Realität) auch behielt. »Durch das Paradoxon des Ritus fällt jeder geweihte Ort mit dem Zentrum der Welt zusammen so wie die Zeit jedes Rituals mit dem mythischen Augenblick des ›Urbeginns‹ [zusammenfällt].«[16] Wirkliche, profane Zeit wird so zur mythischen Zeit, profaner Raum zum transzendenten Raum.

Jedes Ritual – ob Beschneidung, Heirat, Vollzug des Geschlechtsverkehrs und so weiter – ist Abglanz und Nachvollzug seines göttlichen Urbildes. Jede Handlung von einiger Bedeutung (das Sammeln von Nahrung, die Jagd, das Kochen, Spiele und dergleichen mehr) steht mit der Sphäre des Sakralen in Verbindung und ist, so gesehen, ein Ritual, das einst in zeitlos-mythischer Zeit (»in jenen Tagen«) von einem Ahnherrn, einem Totemtier, einem Gott oder einem Heros eingesetzt wurde. Sogar Krieg hatte rituelle Funktion, insofern er seinerseits nur gegenwärtigsetzte, was nun einmal im göttlichen Modell des Kosmos beschlossen und vorgegeben war. Alles, was nur irgendwie Bedeutung besaß, hatten Götter oder Heroen offenbart und vorvollzogen. Was er selbst tat, betrachtete der Mensch der archaischen Zeit lediglich als ständigen Nachvollzug dieser archetypischen Akte.

Einen besonders aufschlußreichen Komplex bestimmter Vorstellungen ordnet Eliade in die von ihm als »Regeneration der Zeit« bezeichnete Kategorie ein. Orientierungshilfsmittel bei der Zeiteinteilung waren Rituale, die mit der Nahrungsmittelbeschaffung zusammenhingen und den lebendigen Fortbestand der gesamten Gemeinschaft ermöglichten.

Das Sonnenjahr ist ägyptischen Ursprungs. »Die Mehrzahl anderer historischer Kulturen – und eine Zeit lang Ägypten selbst – hatten ein zugleich solares [d. h.: an der Sonne orientiertes] wie lunares [am Mond orientiertes] Jahr von 360 Tagen (d. h.: von 12 Monaten zu je 30 Tagen), denen 5 Schalttage hinzugefügt wurden«[17]. Anfang und Ende der Jahre mögen bedeutend variiert haben, doch in jeder Kultur waren das Ende der einen und der Beginn der neuen Zeitphase stets von äußerster Bedeutung. Auf biokosmischen Rhythmen beruhend, waren diese Zeitabschnitte in ein System von Ritualen eingebettet, bei denen es um periodische Reinigung und periodische Lebenserneuerung ging. Besonders wichtig aber ist: Diese periodische Erneuerung der Zeit bedeutete jedesmal Neuschöpfung, hob also ›Geschichte‹ auf.

Zur Erneuerung gehörte die Vertreibung alles dessen, was sündhaft, krank und teuflisch war – so versuchte man wenigstens für den Augenblick die mythische Urzeit in aller Unschuld neuerstehen zu lassen. Gemeinschaft wie Individuum wurden neu geboren, von neuem geschah der Übergang vom Chaos zum geordneten Kosmos. Zahlreiche Kulturen kennen den Brauch, alljährlich zur Zeit der Wintersonnenwende Feuer zu entzünden. Daß auch das Grab von Newgrange auf die aufgehende Wintersonne ausgerichtet war, erwähnten wir bereits. In Malta richtete man sich bei der Orientierung der Megalithbauten wohl nach der Sommersonnenwende, und die geräumigen Vorhöfe waren, so scheint es, für kultische Begehungen bestimmt. Man kann sich gut vorstellen, daß alljährlich an einer der beiden Sonnenwenden, vielleicht auch an beiden Sonnenwendtagen, eines der megalithischen Monumente geöffnet wurde. Vielleicht setzte man dann die Asche der seit der letzten Öffnung verstorbenen Toten bei, deren Seelen nun wieder in die Heiligkeit eingingen.

Für den Neolithiker muß aber auch der Zeitlauf innerhalb des ›Jahres‹ stetige Erneuerung bedeutet haben. Eine wichtige Rolle spielte dabei der in Mythen ›primitiver‹ Naturvölker häufig mit Tod und Auferstehung, Geburt, Fruchtbarkeit und dergleichen verbundene Mond. Daß der Wechsel der Mondphasen Einfluß auf die megalithische Bauweise hatte, konnte nachgewiesen werden; er ließ aber auch Vorstellungen vom zyklischen Ablauf aller Dinge aufkommen. Lunare Mythen begründen kürzere Rhythmen (Wochen, Monate), die sinnbildhaft für längere Zeiträume wie die Spannen von Sonnenwende zu Sonnenwende, Jahre oder astronomische Zyklen eintreten können und sogar angesichts von Hungersnöten oder anderen Katastrophen die Möglichkeit des Sicherneuerns einschließen. »Lunare Betrachtungsweise‹ läßt den Tod des einzelnen, ja sogar den zyklischen Tod der gesamten Menschheit als etwas ebenso Notwendiges erscheinen wie die drei lichtlosen Nächte vor der Wiedergeburt des Mondes.

An die Stelle dieses archaischen Gefühls, daß sich die Zeit ebenso regenerierte, wie sich Sonne und Mond zu erneuern schienen, trat unser Glaube an die Geschichte und die Endlichkeit der Zeit. Keinen Augenblick werden wir das Empfinden wirklich los, daß die Zeit verrinnt, daß der Tod ein Ende bedeutet und unausweichlich ist (allerdings vertun wir einen großen Teil unseres Lebens damit, diese Empfindung zu verdrängen und uns zu zerstreuen, um uns davon abzulenken). Die Megalithbaumeister dagegen hatten ein anderes Verhältnis hierzu. Sie entrichteten ihre außerordentlich dauerhaften Monumente für die Bestattung ihrer Toten bzw. zur Aufnahme der Asche ihrer verstorbenen Verwandten und Anführer. Und weil ihr Handeln in ein gottgegebenes Muster eingebettet war, hatte es seine Bedeutung und war keineswegs wirklichkeitsfremd, sondern ›realistisch‹ und in sich ›real‹.

Archaische Menschen scheinen eine starke Sehnsucht nach einem verlorenen Paradies empfunden zu haben – nach einer fernen Zeit, als es überreichlich Nahrung gab und nicht viel Mühe kostete, zu ernten und zu genießen, was die Natur einem bot, nach einer Zeit schließlich ohne Tod und Leiden. In »jenen Tagen« (australische Ureinwohner sprechen so poetisch von einer ›Traumzeit‹) waren sich Himmel und Erde näher. Tote schwebten mühelos zum Himmel empor, und Göttern machte es nichts aus, zur Erde herabzukommen. »Infolge einer kultischen Verfehlung« aber »brachen die Beziehungen zwischen Himmel und Erde ab, und die Götter zogen sich in den obersten Himmel zurück. Seitdem müssen die Menschen für ihren Lebensunterhalt arbeiten und sind nicht mehr unsterblich«[18].

Die Arbeit um der Ernährung willen – mit anderen Worten: der Pflanzenanbau – hängt wohl eng mit der Verehrung der Erdmutter zusammen, einer in den verschiedensten neolithischen Kulturen ausgeprägten, wichtigen Form religiösen Denkens. Bei der Erdmutter handelte es sich um eine bereits seit der späten Altsteinzeit bekannte, sehr alte Göttin, die ebenso in den alten Religionen des Ostens wie des Westens anzutreffen ist. Sie verkörpert alle Formen der Fruchtbarkeit bei Menschen, Fluren wie Tieren. Ihr Mythos läßt sich unbegrenzt ausbauen und variieren, sei es, daß sie uns als geschlechtlich indifferente, weder männliche noch weibliche, sondern beides vereinigende, sozusagen ›ganzheitliche‹ Schöpfergottheit gegenübertritt, sei es, daß sie sich im Schoß der Allmutter Erde offenbart, dem die Toten des Neolithikums in der Haltung von Embryonen zurückgegeben wurden.

Ganz besonders gibt die ›Göttin‹ der megalithi-

schen »Tempel« auf Malta zu denken (Abb. 138). So verstümmelt ihr riesiges Bildnis in *Hal Tarxien* auch ist – es bleibt ein mächtiges Stück Weiblichkeit im Vorhof des Tempels. Und doch unterscheidet sich ihr Rock nicht sosehr von der Kleidung eher maskuliner ›Priester‹-Statuen, die an der gleichen Stätte entdeckt wurden; überhaupt war wohl ihre Geschlechtlichkeit nicht sonderlich betont. Zahlreiche Abbildungen zeigen die Gottheit schlafend. Bestand die Art der Fruchtbarkeit, die sie verkörperte, vielleicht im Phantasiereichtum, der sich in Träumen symbolischen Charakters oder in Wahrträumen äußerte?
Fraglos handelt es sich bei dieser Göttin um ein bedeutendes Element neolithischer Glaubensvorstellungen, doch Mircea Eliade zufolge gibt es keinen Beweis dafür, daß sie die *einzige* Gottheit war. Vielmehr weist Eliade darauf hin, daß neben ihr noch Platz für ganze Heerscharen mit ihr zu vereinbarender (oder auch nach unseren Begriffen unvereinbarer), in Göttergestalten verkörperter Glaubensinhalte war.
Seit dem Paläolithikum (der Altsteinzeit) kam im Zusammenhang mit dem Erdmutterkult vor allem Höhlen religiöse Bedeutung zu. Megalithische Bauweise bedeutete Schaffung künstlicher Höhlen, die man ohne Zweifel rituell in ein Labyrinth verwandelte, das sowohl »Schauplatz von Initiationsriten als auch Bestattungsort für die Toten« war. Das Labyrinth aber versinnbildlichte seinerseits die Erdmutter. Betrat man es (bzw. trat man in eine Höhle ein), bedeutete dies gleichzeitig mystische Vereinigung mit der Mutter Erde. Auch Eheschließungen fanden in Labyrinthen statt oder symbolische Opferhandlungen.
Die Spirale bzw. das Labyrinth ist eines der faszinierendsten Bestandteile des neolithischen Symbol-Repertoires. Sie umschließt einen bestimmten Raum und legt gleichzeitig die Vermutung nahe, daß zwischen ihren gewundenen Linien so etwas wie ein Weg oder ein Kanal angedeutet sein soll. Oben war bereits davon die Rede, daß man im Zusammenhang damit an den Fluß irgendeiner Art von Energie gedacht hat. Vielleicht aber ist auch der ›Pfad des Geistes‹ gemeint oder – wie Theodore Schwenk vorschlug – der »Strom der Redekraft«[19].
In *The Origin of Consciousness in the Breakdown of the Bicameral Mind* äußert Julian Jaynes (allerdings, wie mir scheint, ohne hinreichende Belege) die immerhin des Nachdenkens werte Vermutung, Männer und Frauen im Altertum hätten nicht das gleiche Einsichts-, Reflexions-und Urteilsvermögen besessen wie wir heute. Bei ihren Reaktionen auf ihre Umwelt seien sie nicht nur stärker vom Instinkt, sondern auch von Halluzinationen geleitet worden, wobei Stimmen eine Rolle spielten, die unsere Vorfahren tatsächlich zu hören meinten und für Götterstimmen hielten. Träfe dies zu, könnten ›unsere‹ Symbole vielleicht derartige ›Götterbotschaften‹ sinnbildlich festhalten – ein Gedanke, der der oben angeführten Idee Schwenks nicht unähnlich ist.
Es fällt nicht schwer, sich vorzustellen, daß man einen Stein oder einen Baum als heilig ansehen konnte. Eliade erinnert uns allerdings daran, daß nicht dem Stein und auch nicht dem Baum an sich die Verehrung galt, sondern dem Numinosen, dem Heiligen, das sich in ihm manifestierte. Das Paradoxe dabei ist freilich hier wie bei allen religiösen Phänomenen, vom Menhir bis zum Kreuz Christi, daß sich das Heilige, indem es sich manifestierte, selbst Grenzen auferlegte und damit seine Absolutheit aufgab. Gehen wir davon aus, daß alle Manifestationen des Heiligen mehr oder weniger gleichbedeutend sind, so leuchtet uns ein, daß es keine wesentliche Diskontinuität im religiösen Leben der Menschheit gibt«[20].
In seinen Arbeiten über vergleichende Religionswissenschaft schildert Mircea Eliade diese ›archaischen Realitäten‹ in aller Ausführlichkeit. Wir haben uns hier auf einen knappen Abriß beschränkt, doch scheinen dem Verfasser Eliades Ansichten für die Untersuchung neolithischer Symbole äußerst wichtig.
Bedeutet dies aber, daß man nunmehr – mit gewissen Grundkenntnissen über alte Mythologien gewappnet – imstande wäre, ein ›Wörterbuch steinzeitlicher Symbole‹ zusammenzustellen? Aus mancherlei Gründen halte ich dies nicht für möglich. Erstens gibt es zwischen neolithischen Kulturen enorme Unterschiede, was den Orts- und Zeitansatz angeht, so daß man auch mit Verschiedenheiten hinsichtlich der Gesellschaftsstruktur der einzelnen Gruppen, ihrer materiellen und immateriellen Kultur und damit auch des

Sinngehaltes der Symbole rechnen muß. In abgelegenen Gegenden unseres Erdballes hausen noch heute Stämme mit steinzeitlicher Lebensweise, wenn sie auch selten geworden und vom Aussterben bedroht sind. Zwar können uns ihre religiösen Vorstellungen gewiß zu wertvollen Aufschlüssen über Denkweisen der Vorzeit verhelfen, aber darauf verlassen, daß sie mit ihnen in jedem konkreten Fall identisch sind, kann man sich selbstverständlich nicht.
Zweitens sind Symbole nicht dasselbe wie Wörter, vielmehr können sie Inhalte vermitteln, die das Wort nicht weiterzugeben vermag. Überdies decken sich ja nicht einmal Wörter der einen Sprache mit entsprechenden Wörtern anderer Sprachen über die gesamte Breite ihrer Bedeutungsfelder!
Schließlich bringen uns zwar Arbeiten wie die des Völkerkundlers Lévi-Strauss oder des Religionswissenschaftlers Mircea Eliade dem Verständnis archaischen Denkens sehr viel näher, doch fehlt jeder Beweis dafür, daß irgendein bestimmtes Symbol eine ganz bestimmte Bedeutung besitzt.
Aber was haben wir nun davon, daß wir – sei es anhand der hier vorgelegten Aufnahmen, sei es, daß wir uns animieren ließen, tatsächlich zu den erwähnten Fundstätten hinzureisen – eine ›archäologische Pilgerfahrt‹ unternommen und uns anhand der Fachliteratur zusätzlich über einschlägige Thesen der Sprachwissenschaft, der Völkerkunde, der Religionswissenschaft sowie nicht zuletzt über vorgeschichtsarchäologische Befunde informiert haben? Wissen wir nun wirklich mehr als vorher?
Für mich war die bewegendste Erfahrung, welch »ernstes Streben« die Menschen archaischer Zeit immer wieder in ihren Bauten und Symbolen zum Ausdruck brachten. Beim Übergang vom Sammeln und Jagen zur Landwirtschaft bildeten die Menschen des Neolithikums mehr oder weniger dauerhafte Gemeinschaften und Siedlungen. Ihre Kunst, die abstrakter wurde, scheint eine gleichzeitige Hinwendung zum Kontemplativen, zur Welt des Geistigen, zur Frage nach dem Sinn von Leben und Tod auszudrücken.
Indem sie Steine mit Ritzungen und Reliefs versahen und riesigen Findlingen neue Plätze zuwiesen, nahmen diese Menschen selbst an der Gestaltung ihrer Umwelt (und damit ihres Lebens) teil, schufen aber gleichzeitig eine ›Welt für ihre Toten‹. Die Zeichen waren die Sprache jener Welt, der ›realen‹ Welt des Heiligen, an der sie in den entscheidenden Phasen ihres Lebensweges teilhatten und in die hinein auch ihre Toten wiedergeboren wurden.
Als Symbole enthalten die Steinzeitzeichen Bedeutungen, die sich selbst dann, wenn wir auch für sie einen ›Stein von Rosette‹ hätten, nicht wortwörtlich in unsere Sprache übertragen ließen. Darum sind Fotos für einen Versuch, etwas vom Inhalt der Symbole weiterzugeben, letztlich sogar wertlos. Allerdings machen Schwarzweißaufnahmen bisweilen bis zu einem gewissen Grade die Zeit vergessen und wirken so auf den Betrachter fast wie ein ›Telegramm aus der Vorzeit‹, das uns vielleicht sogar den Lärm der Autobahn draußen vor dem Fenster vergessen läßt.
Doch vielleicht – und dies ist womöglich das Wichtigste – können wir nun diese Symbole betrachten, ohne zu glauben, uns oder anderen eine Erklärung schuldig zu sein. Es sind Botschaften von Menschen wie wir, Botschaften, die erhalten blieben, nachdem die Zeit längst alles alltägliche Beiwerk weggebrannt hat, das sie einst wohl umgab. Schwaller de Lubicz rät uns, uns in Einfachheit und im einfachen Sehen zu üben, weil dies uns dem intuitiven Erfassen dieser Bilder viel näherbringe. Und wenn wir sie zu verstehen anfangen, beginnt für uns die Entdeckung unserer archaischen Ahnen – aber auch dessen, was vom Heiligen noch in uns wohnt.

Anmerkungen

Kapitel 1

1 Colin Renfrew: *Before Civilization* (Harmondsworth 1976), 161.
2 Zur Mathematik der Megalithbauten und zu deren astronomischen Beziehungen: A. Thom: *Megalithic Sites in Britain* (Oxford 1967), desgl. G. Hawkins und J. White: *Stonehenge Decoded* (London 1966) sowie J. E. Wood: *Sun, Moon and Standing Stones* (Oxford 1978).

Kapitel 2

1 Sowohl M. Herity (dessen ausgezeichnetes Werk *Irish Passage Graves* [Dublin 1974] in mehrfacher Hinsicht aufschlußreich ist) als auch E. MacWhite *(A new view on the Irish Bronze Age rock scribings*, in: *Journal of the Royal Society of Antiquaries of Ireland* 76 [1946] 59-80) beschreiben diese Formen ausführlich.
2 Evan Hadingham: *Ancient Carvings in Britain: a Mystery* (London 1974) 28.
3 G. Coffey: *New Grange and Other Incised Tumuli in Ireland* (Erstveröffentlichung 1912, Neuausgabe 1977) 30. Es handelt sich um eine der inzwischen geradezu als »klassisch« anzusprechenden, aber noch immer auf jeden Fall lesenswerten Arbeiten über Newgrange.
4 Claire O'Kelly: *Illustrated Guide to Newgrange*, rev. Ausg. (Blackrock 1978) 111-112.
5 Einzelheiten bei Herity (oben Anm. 1).
6 Herity a. a. O. 123.
7 Wie die meisten antiken Stätten in aller Herren Länder wurden auch Knowth, Dowth und Newgrange einmal (wenn nicht sogar mehrmals) geplündert. Offenbar waren es Wikinger, die um 861 n. Chr. in Knowth und Dowth Spuren ihrer Anwesenheit hinterließen, ja man ist der Ansicht, daß schon viel ältere Volksstämme die archäologischen Schichten zerstörten.
8 Herity a. a. O. (vgl. oben Anm. 1) 126.
9 M. Herity und G. Eogan: *Ireland in Prehistory* (London 1977) 53; Euan Wallace MacKie: *Science and Society in Prehistoric Britain*, London (1977) *(Elek Archaeology and Anthropology)*.
10 Über megalithische Baumethoden: S. Piggott, in: *Royal Institute of British Architects Journal* 63 (1956) 175-180; desgl.: R. Atkinson: *Neolithic Engineering*, in: *Archaeologia* (1961) 292-299.

Kapitel 3

1 Vgl. MacWhite (oben Kap. 2, Anm. 1). Nach MacWhite's Ansicht handelt es sich bei *›Schälchen‹ und Ringe* um ein ornamentales Repertoire charakteristischen Typs, das in der ›galizischen‹ Felskunst Nordspaniens und Portugals wurzelt.
2 Hadingham a. a. O. (vgl. oben Kap. 2, Anm. 2) 72.
3 Morris' 1977 unter dem Titel *The Prehistoric Rock Art of Argyll* veröffentlichter Katalog der Felskunst in der Grafschaft Argyll (eine Teil-Vorabpublikation einer umfassenderen Arbeit über die Petroglyphen - Felsritzungen - ganz Südschottlands) ist für jeden von unschätzbarem Wert, der in Argyll nach *›Schälchen‹ und Ringe* sucht.
4 E. Shee: *Techniques of Irish Passage Grave Art*, in: *Jutland Archaeological Society*, Dänemark 1969.
5 E. Anati: *Evolution and Style in Camunian Rock Art* (Capo di Ponte 1976) 56 *(Edizioni del Centro Camuno)*.
6 Morris a. a. O. 112.
7 Anati a. a. O. 65.
8 Anati ebenda Taf. 34.

Kapitel 4

1 V. G. Childe war einer der Bahnbrecher der modernen Vorgeschichtsarchäologie. Sein Werk *The Dawn of European Civilization* (Erstauflage 1925, 6. Aufl. 1958) erfährt noch immer wieder Neudrucke.
2 In seiner Untersuchung *The Megalithic Art of the Maltese Islands* (Poole 1971) revidiert Michael Ridley ältere Zeitansätze und schlägt (ebenda Seite 18) die Bezeichnung »neolithisch« für die Zeitspanne zwischen 4200 und 2000 v. Chr. vor.
3 Vgl. D. Trump: *Malta: An Archaeological Guide* (London 1972) 64. Bei Trumps Führer handelt es sich um eine hervorragende Zusammenfassung, unentbehrlich für jeden, der sich eingehender für Maltas archäologische Erforschung interessiert.

Kapitel 5

1 Coffey (vgl. oben Kap. 2, Anm. 3) 20-21 zitiert Lhwyd in aller Ausführlichkeit.
2 William Camden: *Britannia* (Gough-Ausgabe, London 1789) 645.
3 Zitiert nach Herity (oben Kap. 2, Anm. 1) 13.
4 W. Wakeman: *Archaeologia Hibernica: A Handbook of Irish Antiquities, Pagan and Christian, especially of such as are easy of access from the Irish Metropolis* (London 1848) 26 f.; 1891 erschien eine stark erweiterte Zweitausgabe (Neuauflage New York 1970).
5 Hadingham (vgl. oben Kap. 2, Anm. 2) 44-51.
6 G. Tate: *The Ancient British Sculptured Rocks of Northumberland* (Alnwick 1865).

7 R. W. B. Morris: *The Cup and Ring Marks and Similar Early Sculptures of Scotland,* T. 2, in: *Transactions of the Ancient Monuments Society* 16 (1969) 37-67.
8 Henri Breuil in: *Proceedings of the Prehistoric Society of East Anglia* 8 (1934) 289-322.
9 R. A. S. Macalister: *Ireland in Pre-Celtic Times* (London 1921) 232-233.
10 Hadingham a. a. O. 77 f.
11 MacWhite (vgl. oben Kap. 2, Anm. 1).
12 Glyn Daniel: *One Hundred and Fifty Years of Archaeology* (London 1975).
13 Joseph Dechelette: *Manuel d'archéologie préhistorique, celtique et gallo-romaine,* Bd. 1 (Paris 1908). Nachdr.: Farnborough 1971.
14 Herbert Kühn: *Die Felsbilder Europas* (3., völlig veränd. Aufl.) Stuttgart, Berlin, Köln, Mainz (1971). Hier zitiert nach der 2. Aufl., S. 96.
15 Kühn ebenda. 2. Aufl. S. 100-101
16 Waldtraut Schrickel: *Westeuropäische Elemente im Neolithikum und in der Frühen Bronzezeit Mitteldeutschlands.* Leipzig (1957) *(Veröffentlichungen des Landesmuseums für Vorgeschichte Dresden 4. 5.) (Beiträge zur ur- und frühgeschichtlichen Archäologie des Mittelmeer-Kulturraumes 5).*
17 T. G. E. Powell: *Prehistoric Art* (London 1966) 123.
18 Anati a. a. O. (vgl. oben Kap. 3, Anm. 5).
19 Hadingham a. a. O. (vgl. oben Kap. 2, Anm. 2) 79.
20 A. Thom: *The Metrology and Geometry of Cup and Ring Marks,* in: *Systematics* 6 (1968) 178.
21 Morris a. a. O. (vgl. oben Kap. 3, Anm. 3) 5. A. Thom äußert (in: *Vistas in Astronomy* 7 [1965] 55) die Vermutung, sog. ›Schälchen‹ hätten im Zusammenhang mit Menhiren oft den Zweck, Kalenderdaten festzuhalten.
22 Sir Grafton Elliot Smith: *The Migration of Early Culture* (1915) und *Human History* (1929).
23 W. J. Perry: *The Children of the Sun* (1923 [Nachdruck 1968]).
24 Eugene Stokis: *Les empreintes palmaires,* desgl. Bridges: *Personal Identification through the Ages,* beide zitiert in: Harold Cummins und Charles Midlo: *Fingerprints, Palms and Soles* (New York 1961).
25 New York 1970 (Erstveröffentlichung franz. [1963]).
26 E. v. Däniken: *Meine Welt in Bildern,* 1973.
27 London 176, New York 1978.
28 J. Michell: *The View over Atlantis* (London 1973) 161.
29 Hadingham a. a. O. (vgl. oben Kap. 2, Anm. 2) 74.

Kapitel 6

1 Zitiert nach Stuart Piggott, in: *Antiquity* 52 (1978) 62.
2 Zur Schriftentwicklung: David Diringer: *The Alphabet,* 3. rev. Aufl., London (1968), und Ernst Doblhofer: *Voices in Stone* (London 1973). E. Doblhofer verdanke ich den Hinweis auf die im Text angedeuteten Unterscheidungen.
3 H. Kühn a. a. O. (vgl. oben Kap. 5, Anm. 14).
4 Claude Lévi-Strauss: *Strukturale Anthropologie* (Frankfurt/Main 1967).
5 Terence Hawkes: *Structuralism and Semiotics* (London 1977) 365.
6 Noam Chomsky: *Reflections on Language,* New York (1975) 4.
7 Lévi-Strauss: *Strukturale Anthropologie* 353.
8 Hawkes (vgl. oben Anm. 5) 12-13 erläutert die Positionen Vicos und Lévi-Strauss'.
9 Giambattista Vico: *The New Science,* zitiert nach Hawkes a. a. O. 12.
10 Dies verdanke ich R. A. Schwaller de Lubicz: *Symbol and the Symbolic* (Brookline 1978; Erstveröffentlichung 1949).
11 Mircea Eliade: *Das Heilige und das Profane. Vom Wesen des Religiösen,* Hamburg (1957) (rde 31),
12 Joseph Campbell: *The Masks of God: Primitive Mythology* (Harmondsworth 1976).
13 Mircea Eliade: *Der Mythos der ewigen Wiederkehr,* Düsseldorf (1953).
14 Derselbe ebenda.
15 Derselbe ebenda.
16 Derselbe ebenda.
17 Derselbe ebenda. Eliade zitiert Rock: *Das Jahr von 360 Tagen und seine Gliederung,* in: *Wiener Beiträge zur Kulturgeschichte und Linguistik* 1 (1930) 253-288.
18 Eliade a. a. O.
19 Theodor Schwenk: *Das sensible Chaos. Strömendes Formenschaffen in Wasser und Luft,* Stuttgart (1968).
20 Mircea Eliade: *Mythes, rêves et mystères,* Paris (1957) *(Essais 84)*
21 Julian Jaynes: *The Origin of Consciousness in the Breakdown of the Bicameral Mind* (Boston 1976).

Danksagung

Meinen Freunden und Reisegefährten Douglas Muir, Naomi Weissman, Ina Evans sowie Norma und Gordon Ashby danke ich für vielfältige Unterstützung, Prof. Waldtraut Schrickel, Ed Rossbach, Paul Bishop, William Garnett, Michael Smith und Arthur Kitching für Gastfreundschaft und/oder Anregungen und den Mitarbeitern von Thames and Hudson für ausdauernde Hilfe und Ermutigung.

Literaturhinweise

Anati, Emmanuel: *Evolution and Style in Camunian Rock Art.* Capo di Ponte 1976 *(Edizioni del Centro Camuno).*

Breuil, Henri, in: *Proceedings of the Prehistoric Society of East Anglia* 8 (1934).

Campbell, Joseph: *The Masks of God: Primitive Mythology* (Harmondsworth 1976).

Coffey, George: *New Grange and Other Incised Tumuli in Ireland,* Poole 1977.

Daniel, Glyn: *The Megalith Builders of Western Europe.* London 1958.

Eliade, Mircea: *Das Heilige und das Profane. Vom Wesen des Religiösen.* Hamburg (1957) (*rde* 31).

Eliade, Mircea: *Le mythe de l'éternel retour.* Deutsche Ausgaben: *Der Mythos der ewigen Wiederkehr,* Düsseldorf (1953); *Kosmos und Geschichte,* Reinbek (1966) (*rde* 260).

Eliade, Mircea: *Mythes, rêves et mystères,* Paris (1957) (*Essais* 84).

Hadingham, Evan: *Ancient Carvings in Britain: A Mystery.* London 1974.

Hadingham, Evan: *Circles and Standing Stones.* London (1975).

Harbison, Peter: *Guide to the National Monuments of Ireland.* Dublin 1975.

Hawkes, Terence: *Structuralism and Semiotics* (London 1977).

Herity, Michael: *Irish Passage Graves.* Dublin (1974).

Herity, Michael, zusammen mit: Eogan, George: *Ireland in Prehistory.* London 1977.

Kühn, Herbert: *Die Felsbilder Europas* (3., völlig veränd. Aufl.) Stuttgart, Berlin, Köln, Mainz (1971).

Lévi-Strauss, Claude: *Strukturale Anthropologie* (Frankfurt/Main 1967).

Lévi-Strauss, Claude: *Das wilde Denken* (Frankfurt/Main 1968).

Michell, John: *The View over Atlantis,* London 1973.

Morris, R. W. B.: *The Prehistoric Rock Art of Argyll.* Poole 1977.

O'Kelly, Claire: *Illustrated Guide to New Grange.* Blackrock 1978.

Renfrew, Colin: *Before Civilization. The radiocarbon revolution and prehistoric Europe.* London (1973).

Ridley, Michael: *The Megalithic Art of the Maltese Islands.* Poole 1971.

Tchou (Hrsg.): *Guide de la Bretagne mystérieuse.* Paris 1966 *(Les Guides Noirs).*

Trump, David: *Malta: An Archaeological Guide.* London 1972.

Register